내 인생에 소금 치기

회복탄력성을 키우는 마음 다지기

| 임동택 · 이경채 지음 |

쿰란출판사

내 인생에
소금 치기

들어가는 글

지나온 시간을 돌아보면, 결국 삶의 질을 결정짓는 건 '마음'과 '생각'을 어떻게 관리하느냐였다. 우리는 수십 년 동안 목회와 상담, 선교의 길을 걸으며, 늘 내 안의 생각과 태도를 점검하고 다듬는 훈련을 해 왔다. 그 과정에서 나를 지켜 준 몇 가지 삶의 원칙이 있다. 바로 마음을 돌보는 것, 긍정적인 말을 선택하는 것, 꿈을 꾸는 것, 믿음을 붙잡는 것, 건강한 삶의 자세를 갖는 것, 그리고 하루하루를 더 의미 있게 만드는 자기 관리다. 이런 것들은 모두 내 삶에 친 '소금'이었다. 소금이 음식의 맛을 살려 주듯, 이 철학들은 내 인생을 더 깊고 풍성하게 만들어 주었다. 그래서 누군가는 나를 '맛이 나는 사람'이라고도 표현해 줬다.

이 책은 바로 그 '소금'을 나누고자 쓰게 되었다. 거창한 이론이나 어려운 심리학 용어 대신, 내가 살아온 삶에서 얻은 작지만 실천 가능한 이야기를 담았다. 독자 여러분이 자기 인생에 이 '소금'을 직접 뿌릴 수 있기를, 그리고 그 소금이 여러분 삶의 맛을 풍성하게 해주기를 진심으로 바란다.

소금 같은 인생에는 세 가지 중요한 원칙이 있다.

메멘토 모리(Memento Mori) – "죽음을 기억하라"
카르페 디엠(Carpe Diem) – "오늘을 살라"
아모르 파티(Amor Fati) – "운명을 사랑하라"

이 세 가지를 마음에 새기고 살아가면, 어떤 시련 앞에서도 쉽게 무너지지 않는다. 오히려 더 단단하고 더 유연한 사람이 될 수 있다.

재미있는 비유 하나가 있다. 테니스 코트를 단단하게 다질 때도 소금을 사용한다는 사실이다. 소금은 수분을 유지해 먼지를 막고, 흙을 단단하게 묶어 표면을 안정시키며, 겨울철엔 얼지 않도록 도와주고, 잡초도 막아 코트를 깔끔하게 유지하게 해준다.

우리 마음도 마찬가지다. 잘 다져져야 흔들리지 않고 꿋꿋하게 살아갈 수 있다. 이걸 심리학에서는 '회복탄력성'(Resilience)이라고 부른다. 회복탄력성이란 어려움과 역경, 스트레스, 충격적인 사건을 경험한 후 이를 극복하고 다시 정상적인 상태로 회복하는 능력을 의미한다.

이 책은 바로 그런 힘을 기르는 데 필요한 맛깔나게 하는 '마음의 소금'이다. 단, 한꺼번에 읽으면 너무 짤 수 있으니 하루에 한 꼭지씩 천천히 읽기 바란다. 스마트폰 대신 이 책을 잠깐 집어 드는 것만으로도 마음의 탄력이 달라질 수 있다.

너무 싱거워도 너무 짜도 안 된다. 너무 물러도 너무 굳어도 곤란하다. 소금처럼 적당히 간이 된 사람, 그런 사람이 결국 오랫동안 사랑받는 법이다. 그리고 그 소금의 진짜 목적은 단 하나, 화목한 관계를 만드는 것이다. "소금은 좋은 것이로되 만일 소금이 그 맛을 잃으면 무엇으로 이를 짜게 하리요 너희 속에 소금을 두고 서로 화목하라 하시니라"(막 9:50).

우리 모두 자기 안에 소금을 품고, 서로에게 따뜻한 존재가 되기를 소망한다. 그리고 그 첫걸음을 이 책과 함께 시작해 보기 바란다.

목차

들어가는 글 _ 4

起 시작

1단계 Mind: 마음을 비우고 다시 시작하기
- 月 마음의 쉼을 얻을 고요한 공간 찾기   13
- 火 순수한 마음으로 나를 돌아보는 시간   15
- 水 내면의 갈등을 놓아주는 연습   17
- 木 억압에서 벗어나 자유를 마주하다   20
- 金 불안과 부정적인 감정 정화하기   22
- 土 혁신적 사고로 성공 이끌어 내기   25

2단계 Thinking: 삶을 여는 건강한 사고법
- 月 나를 믿는 힘, 자존감 다지기   29
- 火 생각의 틀을 넓혀 삶을 풍요롭게   31
- 水 다양한 관점으로 세상 바라보기   34
- 木 고정관념을 깨고 새로운 가능성 발견하기   37
- 金 자신을 존중하는 태도 회복하기   40
- 土 어려움 속에서 길을 찾는 지혜   44

3단계 Faith: 스스로를 믿는 힘 기르기
- 月 확신을 주는 내면의 목소리에 귀 기울이기   48
- 火 가능성을 믿고 바라보는 힘   50
- 水 지금 이 순간 결단하는 용기   53
- 木 변화는 마음에서 시작된다   56
- 金 원하는 미래를 향한 긍정의 상상   59
- 土 흔들리지 않는 믿음을 위한 통찰   62

承 전개

4단계 Dream: 삶의 방향을 찾는 꿈 그리기
- 月 마음속에 인생의 지도를 그리다   69
- 火 작은 시작이 큰 변화를 만든다   71
- 水 하나님과 함께하는 여정을 설계하다   75
- 木 더 나은 내일을 상상하다   77
- 金 꿈을 키우는 성장의 태도   80
- 土 내가 바라는 삶 구체화하기   82

5단계 Word: 말의 힘으로 관계를 바꾸다
- 月 긍정의 언어로 운명을 창조하라   87
- 火 타인의 장점을 진심으로 인정하기   89
- 水 가능성을 여는 창의적 표현   92
- 木 따뜻한 말로 마음 움직이기   95
- 金 희망을 전하는 언어 습관 만들기   97
- 土 말에서 시작되는 세상의 작은 변화   100

6단계 Life: 균형 잡힌 삶을 위한 지혜
- 月 중년, 삶의 진정한 아름다움을 발견하다   104
- 火 건강한 관계가 주는 삶의 만족   106
- 水 나이 들어 가는 것을 즐기는 법   109
- 木 회복력을 키우는 생활의 기술   111
- 金 멈추지 않는 배움과 성장의 매력   114
- 土 건강한 몸과 마음을 위한 생활 관리   116

목차

轉 클라이맥스

7단계 Recovery: 자신을 회복하는 시간

- 月 애착의 회복을 위한 자기 이해 — 123
- 火 과거의 상처를 마주하는 용기 — 126
- 水 아픔에서 벗어나 다시 나아가기 — 128
- 木 스스로를 돌보는 연습 — 131
- 金 나를 위한 치유의 여정 — 134
- 土 자존감을 회복하는 내면의 힘 — 137

8단계 Self-Management: 삶을 디자인하는 자기 관리

- 月 비전을 구체화하고 목표를 분명히 하기 — 141
- 火 시간을 현명하게 쓰는 삶의 기술 — 143
- 水 가치 있는 일에 에너지 투자하기 — 147
- 木 어려움 속에서 희망을 찾는 힘 — 150
- 金 나만의 가치를 더욱 빛나게 하기 — 152
- 土 삶의 품격을 높이는 자기 관리 습관 — 155

9단계 Decision: 선택의 힘, 삶의 방향을 정하다

- 月 나만의 브랜드 만들기 — 159
- 火 나 자신에게 아낌없이 투자하기 — 162
- 水 주도적으로 배우고 성장하기 — 165
- 木 멈추지 않는 성장을 위한 습관 — 167
- 金 결단을 실행으로 옮기는 추진력 — 170
- 土 흔들리지 않는 결단력을 기르는 법 — 173

結 결말

10단계 Change: 두려움을 뛰어넘는 변화의 여정

- 月 변화에 대한 회복력과 자신감　　　　　　　　　　179
- 火 아픈 기억을 극복하고 나아가기　　　　　　　　　181
- 水 자기 확신을 키워 가는 과정　　　　　　　　　　184
- 木 혼자가 아닌, 함께하는 소통의 시작　　　　　　　186
- 金 성숙한 감정과 관계를 위한 변화　　　　　　　　189
- 土 두려움을 넘어 성장하는 방법　　　　　　　　　　191

11단계 Switch: 새로운 역할로의 전환

- 月 삶의 전환점, 부모가 되기 위한 준비　　　　　　195
- 火 부모라는 역할에서 나를 돌아보기　　　　　　　　197
- 水 아이의 성장과 함께하며 변화하는 나　　　　　　200
- 木 교육에 대한 가치관 재정립　　　　　　　　　　　203
- 金 아이의 건강과 부모의 마음 챙기기　　　　　　　206
- 土 나를 넘어 타인을 위한 삶으로　　　　　　　　　209

12단계 Journey: 삶의 의미와 목적을 찾아

- 月 나만의 가치와 삶의 우선순위 정하기　　　　　　212
- 火 인간관계에서 삶의 의미 발견하기　　　　　　　　215
- 水 나의 강점과 재능을 찾는 여정　　　　　　　　　217
- 木 더 큰 세상을 위한 책임감 있는 삶　　　　　　　220
- 金 인생을 되돌아보며 얻는 통찰　　　　　　　　　　223
- 土 나의 가능성을 끝까지 펼치는 삶　　　　　　　　225

마치는 글 _ 228

起

1단계 Mind

마음을 비우고 다시 시작하기

마음을 비운다는 건, 단순히 잊는 것이 아니라 새로운 시선으로 바라보는 일이다. 실패 때문에 주저앉기보다, 그 경험 덕분에 다시 일어설 수 있다면 삶은 달라진다. 상처를 탓하며 살아가는 것이 익숙하겠지만, 그것을 계기로 성장한 사람은 더 깊어진다. 무엇을 잃었는지에 집중하면 아프지만, 그로 인해 무엇을 얻었는지를 본다면 감사를 고백하게 된다. '때문에'에서 '덕분에'로 바뀌는 그 순간, 삶은 고통에서 가능성으로 전환된다. 비운 마음에는 새로운 의미가 들어오고, 그 안에서 우리는 다시 시작할 수 있다.

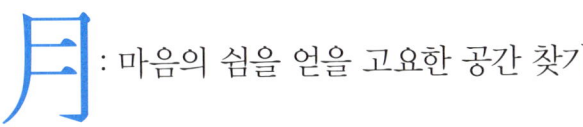 : 마음의 쉼을 얻을 고요한 공간 찾기

"혼자 있는 법을 모르는 사람은 자유로울 수 없다."
- 아르투르 쇼펜하우어

우리는 빠르게 변화하는 환경 속에 살고 있다. 기술의 발전, 사회적 요구, 타인의 기대 등 수많은 외부 요인이 우리의 마음을 끊임없이 흔든다. 그러는 사이 내면의 평화는 점점 멀어지고, 결국 진정한 행복과 안정이 어디에서 오는지 잊고 살아간다. 그러나 진정한 행복은 '마음의 쉼'에서 시작된다. 여기서 말하는 쉼이란 단순한 물리적 휴식이 아니라, 혼잡한 일상 속에서도 자신만의 고요한 공간을 찾아 진정한 자아와 마주하는 시간을 의미한다.

어느 날, 한 중년 남성이 상담실을 찾았다. 그는 직장에서의 스트레스, 가정 내 갈등 그리고 끊이지 않는 불안감에 지쳐 있었다. 삶이 너무 벅차고 무거워 이를 해결할 방법을 찾고 있었다. 그는 상담사에게 이렇게 말했다. "모든 것이 나를 압박합니다. 계속 달려가야만 할 것 같은 기분이에요. 쉴 틈이 없어요. 매일 해야 할 일이 너무 많아서 마음의 평화를 어떻게 찾아야 할지 모르겠습니다."

상담사가 조용히 말했다. "잠시 말을 멈추고, 지금 이 순간에 집중해 보세요." 그 말에 남자가 당황했다. 그러자 상담사가 설명을 덧붙였다.

起_시작

"지금 이 상담실 안에서 들리는 소리에만 귀를 기울여 보세요."
남자는 그제야 말뜻을 알아듣고 소리에 귀를 기울였다. 창밖에서 들려오는 자동차 소리와 경적, 벽시계의 초침 소리, 조용히 흐르는 음악 그리고 자신의 심장 소리가 조금씩 느껴졌다. 상담사는 이어서 말했다. "이제 상상력을 동원해 보세요. 고요한 숲속, 작은 개울 옆에 앉아 있는 장면을 떠올려 보세요. 시냇물 소리, 새소리, 바람 소리를 느껴 보세요. 숲의 향기와 바람이 스치는 감촉도 상상해 보세요. 실제가 아니어도 괜찮습니다. 상상만으로도 충분히 그 감각을 경험할 수 있어요."

그 남자는 이후 매일 10분씩 그런 상상의 시간을 갖기 시작했다. 처음에는 온갖 잡념이 떠올라 집중하기가 어려웠지만, 그것도 마음의 일부라 여기며 억지로 없애려 하지 않았다. 그렇게 서너 달이 흐르자, 그는 자신의 내면에서 올라오는 작은 목소리를 느낄 수 있게 되었다. 내면과 연결되자 불안과 걱정은 점차 사라져 갔고, 외부의 인정이나 성과는 더는 그렇게 중요하게 느껴지지 않았다.

몇 달 후, 그는 환한 미소와 함께 예쁜 꽃 화분 하나를 들고 상담실에 나타났다.

"선생님 덕분에 처음으로 진정한 평화를 느낄 수 있었어요. 아무것도 하지 않아도 나 자신을 존중할 수 있게 되었고, 이제는 정말 마음의 평화를 누리며 살아가고 있습니다."

🌷 마음 다지기

참된 평화는 외적인 환경이나 상황에서 오는 것이 아니라, 하나님 안에서 누리는 내면의 고요함에서 비롯된다. 진정한 쉼과 평온은 세상이 주는 것이 아니라, 우리가 주님 안에서 의식적으로 누리려 할 때 마음 깊은 곳에서부터 흘러나온다. 이 고요한 쉼은 하나님과의 관계에서 자라나며, 우리의 삶을 더욱 풍성하고 깊이 있게 만들어 주는 귀한 은혜임을 잊지 말자.

● 오늘 나의 실천

_____

_____

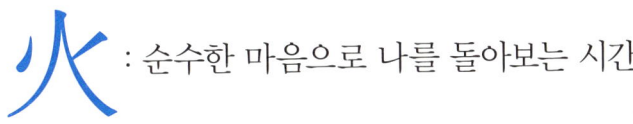 : 순수한 마음으로 나를 돌아보는 시간

"자기 자신에게 진실한 사람이야말로 순수하다."

- 라오쯔

순수한 마음은 타인의 시선이나 평가에 얽매이지 않고, 있는 그대로의 자기 자신을 받아들이게 한다. 그런 마음의 순례는 그 자체로 의미가 있으며, 진정성을 회복하는 과정이기도 하다. '순수한 마음의 순례'란 외부의 소음과 번잡함에서 잠시 벗어나, 마음 깊은 곳에서 진솔하게 자신을 마주하는 여정이다. 하지만 순수한 마음은 때로 세상의 기대와 현실에 의해 변질되기도 한다. 그래서 우리는 가끔 일상을 잠시 멈추고, 자신의 마음을 돌아볼 필요가 있다.

한 여인이 있었다. 그녀는 좋은 직장에 다녔고 화려한 외모를 유지하려 애쓰며 사람들의 인정을 받기 위해 끊임없이 경쟁하듯 살아가고 있었다. 그러던 어느 날, 그녀는 과도한 스트레스와 불안 속에서 깊은 상실감을 마주하게 되었고, 삶의 의미에 의문이 생겼다.

그 무렵, 한 친구가 그녀에게 책 한 권을 선물했다. 그 책의 제목은 《순수한 마음으로 살아가라》였다. 책을 읽으며 그녀는 외부의 기준에 맞추기 위해 자신이 얼마나 많은 에너지를 소모해 왔는지를 깨달았다. 책은 이렇게 말하고 있었다. "너 자신을 알고, 너 자신을 사랑하는 것이 진정한 자유와 행복을 부른다. 네가 진정으로 원하는 삶은, 남들이 원하는 삶이 아니다."

그녀는 이 문장을 마음 깊이 새기고, 더는 타인의 기대에 맞춘 삶이 아니라, 자신이 진정으로 원하는 삶을 살아가기로 결심했다. 그 이후, 그녀는 일상의 소소한 순간들 속에서 행복을 느끼기 시작했고, 이전의 불안과 스트레스도 서서히 사라졌다.

그러던 어느 날, 그녀는 산책 중 한 작은 공원에서 그림을 그리고 있는 아이를 우연히 보았다. 그 아이는 아무런 계산도 없이 그저 즐거워하며 그림을 그리고 있었다. 보여 주기 위한 것도, 평가받기 위한 것도 아니었다. 아이는 그 자체로 창조의 기쁨을 누리며 이미 행복에 잠겨 있었다. 그 모습을 지켜보던 그녀는 깊은 깨달음을 얻었다. "그래, 나도 저 아이처럼 순수한 마음으로 살아야겠다." 그날 이후, 그녀는 타인의 기대나 외부의 평가에 쉽게 흔들리지 않게 되었다.

🌷 마음 다지기

순수한 마음을 회복하기 위해서는 하나님 안에서 나 자신과 바른 관계를 세우는 것이 먼저다. 하나님께서 지으신 존재로서 나는 어떤 삶을 원하고, 어떤 가치를 따르며, 어떤 순간에 참된 기쁨을 느끼는지 진지하게 돌아보자. "네 이웃을 네 자신같이 사랑하라"(마 22:39)는 말씀은 곧 하나님 안에서의 건강한 자기 사랑이 전제되어야 가능한 일이다. 주님께서 나를 있는 그대로 사랑하셨듯, 오늘부터 나 자신을 정죄하지 않고 존중하며, 은혜 가운데 자기를 사랑하는 삶을 실천해 보자.

● 오늘 나의 실천

_____

_____

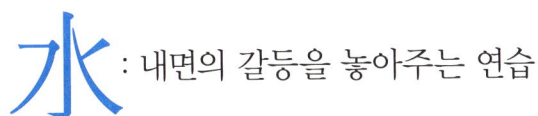

水 : 내면의 갈등을 놓아주는 연습

"내면의 갈등은 삶의 의미를 찾는 여정이다."

- 헨리 데이비드 소로

우리는 삶의 여러 순간마다 무엇을 어떻게 해야 할지를 고민하며 내면의 갈등을 겪는다. 그로 인해 불안과 스트레스에 빠지고, 마음은 점점 무거워진다. 이러한 갈등은 종종 두 가지 감정에서 비롯된다. 하나는 '잘못 선택하면 후회하지 않을까?' 하는 두려움이고, 또 하나는 '이 선택을 하면 다른 사람들이 나를 어떻게 볼까?' 하는 타인의 시선에 대한 부담이다. 이런 감정은 누구에게나 자연스러운 것이다. 다만 이 갈등에 함몰되어 스스로를 잃고, 정작 중요한 결정을 내리지 못한 채 머뭇거리게 되는 것이 문제다.

결국 삶의 질은 그 갈등을 어떻게 다루느냐에 달려 있다. 내면의 혼란 속에서 나의 진짜 바람(real want)을 찾아내어 더 나은 삶을 향해 나아가느냐, 혹은 불안에 휘둘려 결정장애에 빠지느냐 하는 갈림길 앞에 우리는 서 있다.

그 첫걸음은 '있는 그대로의 나'를 인정하는 것이다. 어떤 선택이든 후회할 수도 있고, 비난받을 수도 있다. 인간은 완벽하지 않기에 실수도 하고 실패도 한다. 하지만 중요한 건 실수나 실패를 배움의 기회로 삼아 성장하는 것이다. 그렇게만 된다면, 그 실패는 인생의 귀중한 밑거름이 된다. 그러니 주저하지 말고 도전하라.

한 중년 남성이 있었다. 그는 최근 회사에서 20년 근속상을 받았다. 성실함 덕분에 안정된 삶을 살아왔지만, 거울 앞에 선 어느 날 그는 흰머리가 늘어난 자신을 물끄러미 바라보며 생각했다. '내가 지금 회사의 소모품처럼 살고 있는 건 아닐까?' 요즘 들어 일은 점점 지루해졌고, 일에서 의미나 보람도 느껴지지 않았다. 성과는 줄었고, 자신감도 예전 같지 않았다. 그렇다고 회사를 그만둘 용기도 나지 않았다. 그의 내면에서는 갈등이 일었다. '가족을 부양해야 하는데,

안정된 직장을 그만두는 건 너무 위험해.' '하지만 뭔가를 새롭게 시작하려면 더 늦기 전에 해야 해.' 이러한 양가감정이 마음속에서 계속해서 충돌했다.

그러던 중, 그는 오랜 친구로부터 이런 말을 들었다. "자네는 지금까지 늘 남들을 위해 살아왔잖아. 이젠 자네가 원하는 삶을 살아야 하지 않겠나? 무슨 일을 하든 실패에 대한 두려움은 있기 마련이지. 배는 항구에 정박해 있을 때 가장 안전하지만, 배는 정박하려고 만들어진 게 아니야. 자네만의 인생 항해를 떠나야 하지 않겠어?"

그는 친구의 말을 곱씹으며 며칠 동안 깊은 고민에 빠졌다. 그리고 스스로에게 계속 질문을 던졌다. '내가 진정으로 원하는 삶은 무엇일까?' 고민 끝에 그는 오랜 안정감 대신 자기 적성과 더 잘 맞는 새로운 일자리를 택했다. 용기를 내어 이직했고, 더는 내면의 갈등에 얽매이지 않았다. 이제 드디어 자신만의 항해를 시작한 것이다.

🌷 마음 다지기

선한 실행력은 믿음의 삶에서 매우 중요하다. 마음속 갈등과 망설임은 하나님의 뜻 안에서 순종의 한 걸음을 내딛는 순간 사라지기 시작한다. 기도할까 말까 망설여질 때는 그냥 먼저 무릎을 꿇어 보라. 그 순간 하나님께로 나아가는 길이 열릴 것이다. 선한 일, 하나님이 기뻐하시는 일을 두고 고민될 때는 즉시 행함으로 나아가야 한다. 반면 죄악 된 유혹 앞에서는 망설이지 말고 멀리하는 것이 지혜. 순종의 걸음에 하나님의 평안이 함께한다.

● 오늘 나의 실천

_____

_____

 : 억압에서 벗어나 자유를 마주하다

"자유를 향한 가장 큰 장애물은 우리가 만들어 낸 억압이다."

- 장자

인간이라면 누구나 자유를 갈망한다. 그러나 우리는 종종 내면의 억압이나 외부의 제약 때문에 자유를 온전히 누리지 못한 채 살아간다. 외부의 제약은 내가 어쩔 수 없는 것들이다. 하지만 내면의 억압은 대부분 스스로 만들어 낸 족쇄다. 자신에 대한 불신, 타인의 기대에 초점을 맞춘 삶은 결국 자신을 억누르게 만들고, 진정한 모습으로 살아가는 것을 방해한다.

내면의 족쇄는 스스로 채운 것인 만큼 스스로 풀어야 한다. 그 첫걸음은 내면의 소리를 듣는 것이다. 그 소리에 귀 기울이고 따라가다 보면, 타인의 시선이나 사회적 기대에 부응하려는 의도는 점점 줄어들고, 자신감과 자존감은 서서히 채워지는 것을 느끼게 된다.

한 여성이 있었다. 그녀는 어릴 적부터 공부를 잘해서 좋은 대학에 들어가고, 안정적인 직장을 얻는 것이 인생의 목표라고 믿고 자랐다. 하지만 정작 그녀의 부모는 개방적인 사람들이었다. 그들은 늘 "우리가 원하는 걸 따르기보다, 네가 정말 하고 싶은 일을 찾아야 하지 않겠니?"라고 말하곤 했다. 그러나 그녀는 부모가 말로는 자유를 권했지만, 속으로는 안정적인 길을 바란다고 생각했다. 그래서 부모가 기대하는 길이 곧 자신의 길이라고 믿고 살아왔다.

모범생으로 살아온 그녀는 항상 정로만 걸었다. 곁길엔 눈길조차 주지 않았고, 자신에게 주어진 일에 최선을 다했다. 그러나 시간이 흐르면서 의문이 들기 시작했다. '내가 가는 이 길이 정말 내가 원하는 길일까?' 그때부터 자기가 하는 일이 점점 지루해졌고, 마음도 답답해졌다.

그녀는 고민 끝에 자신에게 질문을 던졌다. "나는 무엇을 좋아하고, 무엇을 잘하는가?" 그 질문 앞에서 그녀는 처음으로 자신의 욕구를 1순위에 두고, 부모나 타인의 기대는 2순위로 내려놓았다. 그리고 자신의 무의식적인 동기를 깊이 탐색하던 중 이렇게 깨달았다. "모범생으로 살아온 이유 중 하나는 모험을 하지 않아도 된다는 명분을 만들기 위해서였구나. 나는 스스로 내 자유를 억압해 왔던 거야." 그녀는 결국 과감히 직장을 그만두고 자신만의 일을 시작했다. 그녀의 변화에 많은 사람이 놀랐고, 부모도 처음에는 당황했지만 곧 그녀의 결단을 기뻐하며 응원해 주었다. 그녀는 그렇게 자신의 진짜 목소리를 따름으로 내면의 억압을 풀고 진정한 자유를 얻었다.

🌱 마음 다지기

무엇을 하든 그것이 누구를 위한 일인지 항상 기도하며 살펴보아야 한다. 오직 자신만을 위해 사는 삶은 이기적인 방향으로 나아가기 쉽지만, 하나님 안에서 자신의 삶을 잘 가꾸며 동시에 다른 이에게 선한 영향력을 끼치는 삶은 하나님이 기뻐하신다. "네 이웃을 네 자신같이 사랑하라"라고 하신 주님의 말씀을 따라 우리의 삶이 이웃에게 복이 될 때 우리는 믿음 안에서 참된 목적을 이루어 가게 된다.

● 오늘 나의 실천

___

___

 : 불안과 부정적인 감정 정화하기

"불안은 우리가 통제할 수 없는 것에 대한 두려움에서 생긴다."
- 세네카

현대 사회의 환경은 우리의 내면에 많은 불안과 스트레스를 유발한다. 빠르게 변화하는 세상 속에서 우리는 끊임없이 경쟁하며, 성과를 내야 한다는 압박감에 시달린다. 그 과정에서 마음속에 불안이 쌓이고, 이는 마치 내면의 독소처럼 작용한다. 불안은 스트레스를 유발해 우리를 지치게 하고 삶의 질을 떨어뜨린다. 그렇다면 우리는 어떻게 내면의 불안과 독소를 정화할 수 있을까?

첫째, 반사적으로 떠오르는 생각과 감정을 있는 그대로 인정하라. 어떤 상황에 처하거나 말을 들었을 때 우리는 반사적으로 부정적인 생각이나 감정을 느낄 수 있다. 인지치료의 창시자 중 한 사람인 앨버트 엘리스(Albert Ellis)는 그의 이론 '합리적 정서행동치료'(REBT: Rational Emotive Behavior Therapy)에서 **비합리적인 신념**(Irrational Beliefs)이 심리적 문제를 유발한다고 보았다. 그는 사람들이 부정적인 감정이나 행동을 경험하는 원인이 외부 사건 자체가 아니라, 그 사건을 해석하는 방식 곧 비합리적인 신념 때문이라고 주장했다.

둘째, 마음을 정리하고 정돈하는 습관을 들이라. 정리란 불필요한 것을 버리는 것이고, 정돈은 필요한 것을 제자리에 두는 것이다. 누구에게나 자신의 마음을 정리하고 정돈하는 시간이 필요하다. 일상 속에서 일기나 감사일기를 쓰는 것이 도움이 될 수 있다. 새벽기도나 명상도 내면 정화에 효과적이다. 이는 불안을 정화하기 위한 첫걸음이다.

한 여성이 있었다. 그녀는 항상 완벽해야 한다는 강박 속에서 살아왔다. 자신의 작은 실수조차 용납하지 못했고, 자신에게 매우 엄격한 기준을 가지고 있었다. 이러한 완벽주의는 직장에서 성과를 내는 데 도움이 되었고, 실제로 승진도 할 수 있었다. 그러나 승진할수록 그녀는 더 큰 불안에 휩싸였다.

결국 그녀는 스스로 상담실을 찾았다. 상담을 통해 그녀는 자기 스스로 자신에게 과도한 압박을 가하고 있다는 사실을 인정하게 되었다. 그녀는 늘 완벽해야 한다는 생각에 사로잡혀 있었지만, 완벽한 존재는 신뿐이며 사람은 그럴 수 없다는 점도 받아들였다. 인간이 완벽함을 추구하다 보면 오히려 그것이 신성모독이 될 수 있다는 말은 그녀에게 깊은 울림을 주었다. 기독교인이었던 그녀는 인간은 완벽할 수 없다는 사실을 받아들이며, 자신 역시 그런 인간이라는 점을 인정했다. 오히려 사람은 실수할 때 더 인간적인 매력을 드러낸다는 사실도 새롭게 깨달았다.

그 후 그녀는 자신에게 휴식을 허락했고, 불안을 느낄 때마다 그 감정을 노트에 적었다. 일단 글로 써 보면 불안의 실체가 명확해졌고, 대부분은 근거 없는 두려움이었다. 마치 몸속에서 활발히 활동하던 세균이 몸 밖으로 나오면 힘을 잃는 것처럼, 불안도 밖으로 꺼내면 힘을 잃는다는 사실을 체감하였다.

🌷 마음 다지기

부정적인 감정은 마음의 짐이 될 수 있지만, 하나님 앞에 솔직하게 내려놓으면 그 순간 진정한 회복이 시작된다. 다윗이 시편에서 자신의 감정을 솔직히 토로했듯, 우리도 기도와 찬양, 건강한 활동을 통해 마음을 정화할 수 있다. 억눌린 감정을 지혜롭게 발산하는 것은 믿음 안에서 자기를 돌아보고 치유하는 귀한 과정이다. 혼자만의 시간이 필요할 때도 있지만, 믿음의 공동체와 함께하는 교제와 활동에서 더 큰 위로와 회복이 주어진다.

● 오늘 나의 실천

 : 혁신적 사고로 성공 이끌어 내기

"혁신적인 사고는 변화를 두려워하지 않고 기존의 한계를 뛰어넘는 것이다."

- 헨리 포드

혁신적 사고는 단순한 창의력을 넘어 기존의 틀을 깨고 새로운 가능성을 탐색하는 사고방식이다. 변화와 도전이 끊이지 않는 현대 사회에서 혁신적 사고는 성공을 위한 핵심 열쇠로 작용한다. 이 사고방식은 단순히 문제를 해결하는 데서 그치지 않고, 더 나은 미래를 구축하는 데 초점을 맞춘다. 새로운 아이디어를 적용하고, 실패에서 교훈을 얻으며, 기존의 방식을 과감하게 수정하는 태도가 바로 혁신적 사고의 핵심이다.

혁신적 사고는 개인에게도 중요한 자질이다. 자신이 처한 상황이나 환경에 얽매이지 않고 새로운 방법과 아이디어를 시도함으로써 더 나은 결과를 도출할 수 있다. 이와 같은 사고방식은 실패를 두려워하지 않고, 끊임없는 도전과 실험을 통해 지속적인 성장을 가능하게 한다.

　많은 기업이 이러한 혁신적 사고를 통해 시장에서 성공을 거두었다. 예를 들어, 애플은 스티브 잡스의 혁신적 사고를 바탕으로 기존 기술과 디자인을 융합해 세계적인 기업으로 성장했다. 또한 테슬라의 일론 머스크는 전기차 산업에서 기존의 틀을 깨고 새로운 시장을 창출하며 자동차 산업의 패러다임을 바꾸었다. 혁신적 사고는 단순히 기존 방식을 개선하는 데서 그치지 않고, 전혀 새로운 방향으로 나아가는 추진력이 된다.

　박지민 씨는 대기업 마케팅팀에 소속된 30대 초반의 직장인이다. 기존 마케팅 방식이 점차 효과를 잃고 경쟁이 치열한 시장에서 존재감을 잃어가자, 박 씨는 지금까지의 방식으로는 더는 성과를 기대하기 어렵다고 판단했다. 그러던 중 그는 디지털 마케팅과 소셜 미디어의 가능성에 주목하였다. 하지만 회사 내부에는 전통적인 마케팅 방식에 익숙한 구성원이 많았고, 박 씨의 새로운 아이디어는 쉽게 받아들여지지 않았다.

　그럼에도 박 씨는 포기하지 않았다. 새로운 전략을 소규모로 시범 운영하며 성과를 입증했고, 이를 근거로 회사 리더들에게 변화의 필요성을 설득했다. 결국 회사는 마케팅 전략 전반을 디지털 중심으로 전환하였고, 그 결과 브랜드 인지도와 매출이 크게 향상되었다. 박 씨는 이처럼 혁신적 사고를 실천하여 조직의 실질적인 변화를 이끈 인물로 사내에서 높이 평가받았다.

🌷 마음 다지기

오늘 하루, 나는 하나님께서 주신 지혜로 새로운 가능성과 길을 찾기를 소망한다. 세상의 틀에 갇히지 않고, 성령의 인도하심을 통해 창의적으로 유연하게 문제를 바라볼 것이다. 어려움이 닥쳐도 두려움보다 믿음을 붙들고, 하나님 안에서 담대히 도전하는 마음을 잃지 않을 것이다. 매 순간 주님의 뜻을 구하며 배우고 자라 가는 과정을 소중히 여기자. 내일을 향한 변화는 오늘 주님 안에서 내리는 작은 믿음의 결단에서 시작된다. 나는 이제 하나님이 여시는 새로운 길을 기대하며 앞으로 나아가기로 다짐한다.

● **오늘 나의 실천**

....

....

삶을 여는 건강한 사고법

어떤 문제가 생겼다면, 그것이 내게 무엇을 알려 주려 하는지 먼저 생각해 보자. 문제를 단순한 장애물로만 보면 거기서 멈추게 되지만, 배움의 기회로 본다면 길이 열린다. 시선을 달리하면 문제 속에 숨겨진 자원, 새로운 가능성, 성장의 힌트가 보이기 시작한다. 삶을 여는 건강한 사고는 상황을 바꾸기 전에 생각을 바꾸는 데서 시작된다. 누군가는 그저 불편함으로 지나칠 일을, 누군가는 성장의 디딤돌로 삼는다. 생각의 깊이가 달라지면 삶이 열리는 방향도 달라진다.

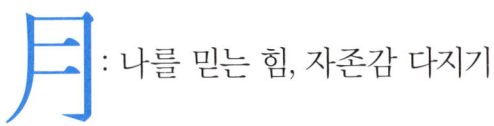# 月 : 나를 믿는 힘, 자존감 다지기

"자존감은 외부의 평가가 아니라 내면에서 오는 것이다."

- 에크하르트 톨레

　자존감(自尊感, self-esteem)은 자신을 존중하고 소중하게 여기는 감정이나 태도를 말한다. 즉, 자신이 가치 있는 존재라고 느끼며 스스로를 긍정적으로 평가하는 마음가짐이다. 자존감은 '나는 가치 있는 사람이다'라는 자기가치감과 '나는 할 수 있다'라는 자기효능감으로 구성된다. 자존감이 높은 사람은 자신의 가치를 인정하고, 실패나 어려움 속에서도 자신을 존중하며 긍정적인 태도를 유지한다. 반면 자존감이 낮은 사람은 자신을 부정적으로 바라보며, 타인의 인정에 지나치게 의존하는 경향이 있다.

　어느 작은 마을에 한 젊은 여성이 있었다. 소희(가명)라는 이름의 그녀는 늘 다른 사람들의 기대에 부응하기 위해 애썼다. 어린 시절부터 부모님, 선생님, 친구들의 기대에 맞춰 살아왔고, 타인의 시선과 평가에 민감하게 반응했다. 자신의 의견이나 욕망은 뒷전이었고, 남들이 원하는 모습으로 살아가는 것이 그녀의 일상이었다.
　그러던 어느 날, 소희는 인생의 중요한 결정을 내렸다. 다니던 직장에서 진정으로 원하는 일을 할 수 없다고 느낀 그녀는 과감히 회사를 그만두고 창업을 결심했다. 주변 사람들은 걱정스러운 눈길로 그녀를 바라보며 "설마 진짜야?", "괜히 고생하지 말고 그냥 다녀"라고 만류했지만, 소희는 흔들리지 않았다. 그녀는 자신이 무엇을 좋아하는지, 무엇을 할 때 가장 행복한지를 명확히 알고 있었고, 그 선택이 옳다는 확신이 있었다.

처음 몇 달은 쉽지 않았다. 사업은 생각처럼 풀리지 않았고, 잦은 실패를 겪었다. 그러나 소희는 자존감이 높은 사람답게 쉽게 무너지지 않았다. 그녀는 자신이 선택한 길을 믿었고, 어려움 속에서도 스스로의 가치를 잃지 않았다. 실패 속에서도 끊임없이 배우고 성장해 나갔다.

그러던 중 소희는 드디어 큰 계약을 따내는 데 성공했고, 그 일을 계기로 사업은 점차 안정세를 보이기 시작했다. 이제 그녀의 사업은 마을 사람들 사이에서 잘 알려져 있으며, 소희는 자신의 길을 자랑스럽게 걸어가고 있다. 소희는 확신한다. 자신이 내린 선택이 옳았고, 자존감을 기반으로 한 용기가 결국 인생을 변화시켰다는 것을. 이제 그녀는 타인에게도 자신을 믿고 스스로의 삶을 선택할 용기를 불어넣는 존재가 되었다.

🌷 마음 다지기

우리는 가끔 '누군가가 나를 계속 보고 있다'라고 생각할 때가 있다. 하지만 사실 대부분의 사람은 타인보다는 자기 자신에게 더 집중하며 살아간다. 그러므로 세상의 시선에 지나치게 얽매이기보다는, 하나님 앞에서 내가 누구인지를 기억하는 것이 더욱 중요하다. 하나님은 외모나 사람의 평가가 아닌 우리의 중심을 보신다(삼상 16:7). 사람의 시선보다 하나님의 눈길을 의식하며 살아갈 때, 우리는 비교와 불안에서 벗어나 진정한 자유를 누릴 수 있다. 나를 지으신 주님 안에서 자신감을 회복하고, 하나님께서 주신 사명을 따라 살아가는 것이 참된 인생이다.

● 오늘 나의 실천

 : 생각의 틀을 넓혀 삶을 풍요롭게

"당신이 진심으로 원하면, 우주는 당신을 돕기 위해 나설 것이다."

- 파울로 코엘료

사고(思考)의 원리는 우리가 인생을 어떻게 바라보는지, 그리고 그 시각이 우리의 행동과 선택에 어떤 영향을 미치는지를 결정짓는 중요한 틀이다. 인생을 풍요롭게 만드는 사고의 원리는 단순히 긍정적으로 생각하는 데서 그치지 않는다. 그것은 삶을 더 의미 있고 목적 있는 방향으로 이끌어 가는 사고방식이다. 이러한 사고의 원리는 우리가 일상에서 마주하는 수많은 선택과 상황 속에서 어떻게 생각하고 반응할지를 결정하며, 궁극적으로 우리의 인생을 더욱 풍성하게 만들어 준다. 사고를 풍요롭게 만드는 네 가지 원리는 다음과 같다.

첫 번째 원리는 긍정적 사고다. 긍정적 사고란 문제를 단순한 장애물이 아닌 기회로 바라보는 시각을 말한다. 누구나 인생에서 다양한 도전과 어려움을 겪지만, 그 속에서 배울 점을 찾아내고 이를 성장의 발판으로 삼는 능력은 삶의 질을 높여 준다. 긍정적 사고는 단순히 "잘될 거야"라는 막연한 믿음이 아니라, 어려움 속에서도 의미를 발견하고 미래를 준비하는 지혜다.

두 번째 원리는 감사다. 감사는 우리가 이미 가지고 있는 것들-사람, 경험, 시간, 그리고 삶의 순간들-에 대해 가치를 느끼고 고마워하는 마음이다. 감사하는 삶은 평범한 일상 속에서도 기쁨을 찾게 하며, 그러한 작지만 소중한 순간들이 모여 인생을 더욱 풍요롭게 만든다.

세 번째 원리는 자기 존중과 긍정적인 자기 인식이다. 자신을 존중하지 않으면 다른 사람과의 관계에서나 삶의 다양한 영역에서 긍정적인 변화를 기대하기 어렵다. 자기 존중은 자신의 강점과 약점을 그대로 받아들이고 '나는 있는 그대로도 가치 있는 존재'라는 믿음을 갖는 것이다. 이러한 기반 위에서 우리는 더 나은 자신으로 성장할 수 있다.

네 번째 원리는 목표 설정과 꾸준한 실행이다. 성공적인 삶은 단순히 꿈꾸는 것만으로 이루어지지 않는다. 구체적인 목표를 세우고 그것을 향해 꾸준히 실행해 나갈 때, 비로소 성과와 만족이 따라온다. 그 과정에서 얻는 경험과 성장은 인생을 더욱 의미 있게 만들며, 삶의 질을 높이는 중요한 요소가 된다.

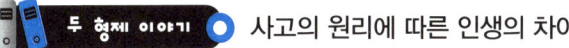 **사고의 원리에 따른 인생의 차이**

어느 작은 마을에 두 형제가 살고 있었다. 형은 늘 불평과 불만이 많았고, 동생은 언제나 긍정적이고 감사하는 태도로 삶을 대했다. 형은 "내가 가진 건 항상 부족해", "왜 나만 이렇게 힘든 삶을 살아야 하지?"라고 말하며 늘 현실에 불만을 가졌다. 반면 동생은 작은 것에도 감사하며, 어려움 속에서도 극복할 방법을 찾고자 노력했다. 형이 "나는 절대 성공할 수 없어"라고 말할 때, 동생은 "지금은 아니지만 언젠가는 내가 잘할 수 있는 일이 있을 거야"라고 믿었다.

시간이 흘러 두 사람은 각각 사업을 시작했다. 형은 한꺼번에 많은 자금을 투입하며, 처음부터 자신의 방식대로 모든 것을 추진하려 했다. 하지만 준비 부족과 현실의 어려움 속에서 사업은 실패로 끝나고, 그는 결국 그 일을 포기했다. 반면 동생은 작은 자본으로 시작해, 자신이 가진 자원에 감사하며 배움을 멈추지 않았다. 그는 매일 감사하는 마음으로 노력했고, 작은 성공에도 기뻐하며 성장을 이어 갔다.

몇 년 후, 두 사람의 삶은 크게 달라졌다. 형은 여전히 불만족스럽게 사는 반면, 동생은 꾸준한 노력의 결과로 사업에 성공하며 많은 이에게 영감을 주는 사람이 되었다. 형이 동생에게 물었다. "넌 어떻게 그렇게 긍정적이고 감사할 수 있었니?" 그러자 동생은 이렇게 말했다. "나는 내 삶에 늘 감사했고, 작은 것에서도 행복을 찾았어. 그런 마음가짐이 결국 지금의 나를 만들었다고 생각해."

🌷 마음 다지기

오늘 하루를 살아가며 나의 생각이 믿음 안에서 어떤 변화를 이끌어낼 수 있을지 깊이 묵상해 보자. 하나님께서 주신 긍정적인 마음과 열린 시선으로 세상을 바라보고, 작고 평범한 일상에서도 감사와 기쁨의 이유를 발견하자. 모든 염려와 불평을 내려놓고, 주님의 도우심을 기대하며 문제 속에서도 소망을 바라보는 믿음을 실천하자. 매 순간 하나님을 의식하며 선택하는 생각이 나의 삶을 더욱 풍성하고 의미 있게 만들어 줄 것이다. 그렇게 믿음의 눈으로 하루를 살아간다면, 내일은 더 밝고 은혜로운 날이 될 것이다.

● 오늘 나의 실천

....

....

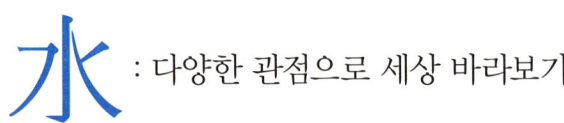

水 : 다양한 관점으로 세상 바라보기

"넓은 시야는 외적인 세상이 아니라 내면의 생각에서 나온다."
- 탈레스

우리가 살아가며 마주하는 수많은 도전과 문제는 종종 한정된 시각으로는 해결하기 어렵다. 좁은 시야에 갇혀 있으면 문제의 본질을 제대로 파악하기 어렵고, 해결책 또한 제한적일 수밖에 없다. 반면 시야를 넓히면 문제를 다양한 관점에서 바라볼 수 있으며, 그만큼 더 창의적이고 효과적인 해결책을 찾아낼 수 있다.

넓은 시야는 단지 문제 해결에만 국한된 것이 아니며, 나아가 더 많은 기회와 가능성을 발견하게 한다. 이로써 다른 사람의 시선을 이해하고, 기존의 사고방식을 넘어서는 혁신적인 아이디어를 떠올릴 수 있게 된다. 세상을 바라보는 시각이 확장되면, 자신이 속한 지역과 외부 세계의 흐름이 어떻게 연결되어 있는지도 더 잘 이해하게 된다.

반대로 좁은 시야로 살아가면 기회를 놓치기 쉽다. 예를 들어, 어떤 사업가가 오직 자신이 익숙한 분야에만 집중해 사업을 확장했다면 외부의 변화와 흐름을 놓쳐 더 큰 경쟁에서 밀려날 수도 있다. 그러나 그가 산업 전반이나 세계적인 트렌드를 이해하고, 시장 변화와 소비자의 욕구를 폭넓게 파악했다면 새로운 기회를 포착할 수도 있는 것이다.

넓은 시야를 갖기 위해서는 먼저 마음을 열어야 한다. 변화와 다양성을 수용할 수 있는 열린 자세가 필요하다. 타인의 의견을 경청하고, 새로운 지식을 배우며, 자신만의 경험과 관점을 넘어서서 사고하려는 노력이 중요하다. 이런 태도를 통해 우리는 더 깊고 풍부한 시각으로 세상과 문제를 바라보게 된다.

시야를 확장한 한 젊은 예술가의 이야기

한 젊은 예술가가 있었다. 그는 오랫동안 자신이 좋아하는 스타일로만 작품 활동을 해 왔고, 한 번도 자신의 작품을 외부에 공개한 적이 없었다. 그러던 어느 날 유명한 갤러리에서 전시할 기회를 얻게 되었다. 전시를 준비하며 그는 많은 사람의 다양한 의견과 시각을 접하였고, 그 과정에서 자신이 매우 제한된 시야로 작업해 왔다는 사실을 깨달았다. 다른 사람들이 자신의 작품에서 느끼는 감정과 해석을 들으면서, 그는 처음으로 기존의 틀에서 벗어나 다른 스타일을 시도해 보고 싶은 마음이 생겼다. 결국 그는 자신의 예술 세계를 확장하여 다양한 매체와 기법을 활용한 새로운 작품들을 선보였고, 그 결과 큰 호평을 받으며 예술계에서 주목받는 인물이 되었다.

이 이야기는 넓은 시야가 어떻게 창의성과 성공으로 이어지는지를 잘 보여준다. 젊은 예술가는 타인의 시각을 수용하고 자신을 개방함으로써 더 넓고 깊은 사고를 할 수 있게 되었고, 그 변화는 곧 그의 성장과 성취로 이어졌다. 결국 넓은 시야는 더 많은 기회, 더 깊은 통찰, 더 풍요로운 삶으로 이끄는 열쇠가 된다. 우리가 이를 실천할 수 있다면, 삶의 질은 물론 우리가 만나는 문제와 기회에 대한 접근 방식도 달라질 것이다.

🌷 마음 다지기

오늘 하루, 우리의 시선을 하나님께 맞추고 믿음의 눈으로 세상을 바라보자. 눈앞의 일에만 얽매여 불안과 염려에 휘둘리기보다, 한 걸음 물러서서 하나님께서 그려 가시는 더 큰 그림을 신뢰하며 바라보자. 지금의 고난도 주님의 시간 안에서는 반드시 의미가 있고 또 해결될 것임을 믿으며, 현재의 어려움이 인생 전체에서 잠시 지나가는 과정임을 기억하자. 믿음의 시야가 넓어질수록 우리는 하나님의 인도하심과 새로운 가능성을 더 깊이 발견하게 된다. 그렇게 하나님의 시선으로 오늘을 살아갈 때, 내일은 더욱 밝고 희망으로 가득할 것이다.

- 오늘 나의 실천

 : 고정관념을 깨고 새로운 가능성 발견하기

"상상력이 부족한 사람들은 고정관념에 갇혀 삶을 살아간다."

- 조지 버나드 쇼

고정관념을 깨고 도전의 문을 열라는 주제는 특히 오늘날처럼 빠르게 변화하는 시대에 더욱 중요하다. 우리가 처한 세상은 과거의

起_시작

기준으로 살아갈 수 없는 곳이 되었다. 기술 발전, 사회적 변화, 경제적 불확실성 등 다양한 요인이 끊임없이 새로운 기회를 제공하는 동시에, 우리에게 낡은 틀을 벗어나 혁신과 도전으로 나아갈 것을 요구하고 있다. 이제 고정관념에 얽매이지 않고 새로운 가능성에 도전하는 것은 선택이 아닌 필수 조건이 되었다.

오늘날 우리는 인공지능(AI)과 자동화가 급격히 발전하는 시대에 살고 있다. 과거에는 사람들이 직업을 찾기 위해 특정한 길을 따르는 것이 일반적이었지만, AI와 자동화는 현재 노동 시장에 큰 변화를 일으키고 있다. 많은 사람이 고정관념에 갇혀 자동화가 일자리를 줄인다고 생각하지만, 이는 잘못된 시각일 수 있다. 기존의 틀을 깨면 AI와 협력하여 새로운 직업과 기회를 창출할 가능성을 얻는다. 예를 들어, AI 전문가, 데이터 분석가, 로봇 공학자 등 이미 새로운 직업군이 등장했으며, 이는 단순히 기존 일자리를 대체하는 것이 아니라 새로운 산업과 영역을 만드는 도전적인 기회로 다가오고 있다.

블록체인 기술과 암호화폐는 기존 금융 시스템에 대한 고정관념을 깨는 혁신적인 도전의 대표적인 사례다. 전통적인 금융 시스템은 중앙 집중형으로 운영되며, 거래 시 은행과 같은 중개 기관을 거쳐야 한다. 그러나 비트코인과 같은 암호화폐는 중앙 기관 없이 P2P(peer-to-peer) 방식으로 거래가 이루어지게 하였다. 이는 기존 금융 체계에 대한 고정관념을 깨는 혁신적인 사고의 결과였다. 비트코인의 창시자 사토시 나카모토는 기존 금융 시스템의 불안정성 문제를 지적하며, 블록체인 기술을 통해 더 안전하고 분산된 방식으로 가치를 저장하고 이전하는 방법을 제시했다. 당시 많은 사람이 암호화폐가 실제로 사용될 수 있을지 의문을 가졌지만, 시간이 흐르면서 블록체인 기술은 다양한 산업에서 활용되기 시작했고, 암호화폐는 글로벌 금융 시장에서 중요한 역할을 차지하게 되었다.

이와 같은 사례들은, 고정관념을 깨고 도전의 문을 열 때 우리가 예상하지 못한 새로운 가능성과 혁신을 만날 수 있음을 보여준다. 과거의 금융 시스템을 고수하며 혁신을 거부한 사람들은 그 기회를 놓쳤지만, 새로운 시각으로 접근한 사람들은 암호화폐와 블록체인 기술을 통해 새로운 경제적 가치를 창출했다.

우리는 모두 고정관념에 갇혀 있는 순간이 있다. "이건 불가능하다", "이건 내가 할 수 있는 일이 아니다", "이건 전통적으로 이렇게 해 왔다"라는 생각은 도전을 회피하게 만든다. 그러나 바로 이러한 고정관념을 깨는 순간 새로운 기회가 열리고, 그 도전이 우리를 성장시키는 계기가 된다.

예를 들어, 많은 사람이 자신의 경력이나 나이에 따라 도전할 수 있는 범위가 한정된다고 생각하지만, 실제로는 기술 발전으로 인해 나이나 경력에 상관없이 누구나 새로운 분야에 도전할 수 있는 시대가 되었다. 다양한 온라인 교육 플랫폼을 통해 누구나 IT 기술, 디자인, 마케팅 등 여러 분야의 지식을 습득하고 새로운 직업에 도전할 수 있게 되었다. 나이가 많다고 해서 새로운 기술을 배우거나 창업을 시도하는 것이 불가능한 시대는 지났다. 고정관념을 깨고 자신이 원하는 분야에서 도전을 시작하는 사람이 점점 많아지고 있다.

50대에 접어든 한 사람이 자신의 꿈을 실현하기 위해 기술 분야로 전향한 이야기가 있다. 그는 이전에 경영자로서 경력을 쌓았지만, 어느 날 기술의 중요성을 깨닫고 프로그래밍을 배우기 시작했다. 기존

경력에 얽매이지 않고 새로운 도전에 나선 그는 결국 IT 스타트업에서 중요한 역할을 맡게 되었다. 그의 이야기는 나이가 들어도 새로운 도전에 나설 수 있다는 교훈을 준다.

🌱 마음 다지기

오늘 하루, 나를 가로막고 있는 고정관념을 하나님 앞에서 솔직히 마주하자. 익숙함에 머무르며 변화와 도전을 두려워했던 것을 인정하고, 주님께서 말씀하시는 새로운 길에 귀 기울이자. 마음 깊은 곳에서 울리는 "지금이 바로 그때다"라는 성령의 음성에 순종하여 믿음으로 한 걸음 내디뎌 보자. 처음에는 두려움이 앞설 수 있지만, 주님 안에서 나아가는 모든 도전은 결국 나를 더욱 자라게 하는 은혜의 여정임을 믿자. 고정관념의 벽을 넘어 주님의 인도하심을 따라갈 때 생각지 못한 새로운 가능성과 길이 열릴 것이다. 이제는 두려움이 아닌 믿음으로 살아가자.

● 오늘 나의 실천

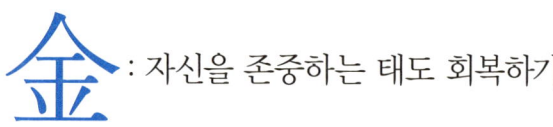

金 : 자신을 존중하는 태도 회복하기

"자기 존중이 없으면, 모든 외적인 성공도 결국 허무하다."

- 로빈 샤르마

자기 존중(self-respect)은 자신을 있는 그대로 받아들이고 사랑하는 능력을 의미한다. 우리는 살아가며 타인의 시선과 평가를 끊임없이 받게 되며, 이는 자존감에 큰 영향을 미친다. 그러나 진정한 자기 존중은 외부의 시선이나 평가에 의존하지 않는다. 그것은 자신의 내면에서 비롯된 자기 인식과 정서적 안정에서 비롯되며, 타인의 기준이 아닌 스스로의 가치 기준에 따라 형성된다.

자기 존중을 회복하기 위한 첫 번째 단계는 자신을 있는 그대로 받아들이는 것이다. 누구나 결점을 가지고 있으며 완벽하지 않다. 중요한 것은 그러한 결점조차도 자신의 일부로 인정하며 받아들이는 자세다. 타인과 비교하여 자신의 가치를 판단하기보다는, 자신의 약점을 솔직하게 인정하고, 그것을 더 나은 방향으로 변화시키려는 노력이 필요하다. 과거의 실수나 실패 역시 자책의 이유가 아니라, 자신을 용서하고 성장할 수 있는 계기로 삼아야 한다.

두 번째로 중요한 단계는 자신에게 친절을 베푸는 것이다. 많은 사람이 타인에게는 관대하면서도 자신에게는 지나치게 비판적이거나 냉정하다. 그러나 자기 존중은 자기 자신에게도 따뜻하고 이해심 있는 태도를 가질 때 비로소 자라난다. 실수했을 때 스스로를 다그치기보다는 격려하고 위로하며 자신의 있는 그대로를 인정할 때 우리는 더 건강한 자존감을 유지할 수 있다.

세 번째는 자신의 가치를 인식하고 그 가치를 기준으로 삶의 결정을 내리는 것이다. 우리는 종종 타인의 기대에 부응하기 위해 스스로를 희생하며 살아가지만, 자기 존중은 자신의 가치관과 신념을 따라 살아가는 데서 비롯된다. 타인의 평가나 시선에서 벗어나 자신이 옳다고 믿는 방향을 선택할 수 있을 때 우리는 진정으로 자기 자신을 존중하게 된다.

지혜라는 한 여성은 어린 시절부터 부모의 기대에 부응하기 위해 끊임없이 노력해 왔다. 그녀는 학업 성적, 직장 내 성과, 인간관계 등 모든 면에서 늘 최선을 다했고, 주변 사람들로부터 많은 칭찬과 인정을 받았다. 하지만 시간이 지날수록 그녀는 점점 지쳐 갔고, 자신이 아닌 타인을 위한 삶을 살고 있다는 사실에 회의를 느끼기 시작했다.

그러면서 지혜는 자신이 진정으로 원하는 것이 무엇인지 고민하게 되었다. 그녀는 자신이 잘해 온 것들에 대해 자부심은 있었지만, 그것이 곧 자신의 행복이나 만족으로 이어지지는 않는다는 사실을 깨달았다. 그녀는 스스로에게 이렇게 고백했다.

"나는 나 자신에게 너무 엄격했어. 다른 사람을 만족시키는 데만 집중했지, 내가 정말 원하는 게 뭔지조차 모르고 있었어."

그 고백을 계기로 지혜는 자기 존중을 회복하기 위한 여정을 시작했다. 그녀는 직장에서의 성과나 타인의 시선에 연연하기보다 자신이 진정으로 좋아하고 의미 있게 느끼는 일을 찾았다. 매일 조금씩 자신을 사랑하는 방법을 배워 갔고, 부정적인 생각이 들 때는 스스로를 비난하기보다는 오히려 작은 성취에도 스스로를 칭찬하며 격려했다. 마음의 여유를 갖고 삶의 작은 순간에도 감사하려 노력했고, 직장 내에서도 자신의 방향에 맞게 역할을 재조정해 나갔다. 더는 다른 사람의 기대에 맞추려 하지 않고 자신의 기준에 따라 목표를 설정하고 실천해 나갔다.

몇 년이 흐른 뒤, 지혜는 자연스럽게 자신을 사랑하고 존중하는 삶을 살게 되었다. 타인의 인정이 전부가 아님을 깨달았기에 자신에게 더 많은 가치를 부여하며 살아가게 된 것이다. 그 과정 속에서 그녀는 중요한 진리를 배웠다. 그것은 곧 자기 존중을 회복함에서 가장 중요한 것은 타인의 인정이 아니라, 자기 내면의 평화와 만족이라는 사실이었다.

🌷 마음 다지기

오늘 하루, 자기 존중에 대해 믿음 안에서 다시 생각해 보자. 나는 혹시 다른 사람들의 기대와 평가에 얽매여 하나님께서 지으신 '나'의 소중함을 잊고 살아오진 않았는가? 이제는 세상의 소리보다 나를 존귀하게 지으신 하나님의 음성에 귀 기울이자. 하나님께서 내 안에 심어 주신 고유한 가치와 사명을 인정하고, 주님 안에서 쉼과 회복의 시간을 쌓아 가자. 진정한 자기 존중은 사람의 인정이 아니라, 하나님께서 나를 사랑하신다는 진리를 믿는 데서 시작됨을 기억하자. 하루하루 주님 안에서 나를 돌아보며, 참된 평안과 자존감을 회복하는 여정을 계속해 나가자.

● 오늘 나의 실천

 : 어려움 속에서 길을 찾는 지혜

"어려움 속에서 나오는 전략적 사고는 가장 강력한 무기다."
- 마하트마 간디

어려운 상황에 직면했을 때, 사람들은 즉각적인 해결책을 찾거나 위기의 본질을 간과한 채 단기적인 조치에 의존하는 경우가 많다. 하지만 진정한 전략적 사고는 이러한 순간에 빛을 발한다. 전략적 사고란 단순히 문제를 해결하는 데서 그치지 않고, 위기 속에서 새로운 기회를 창출하며 장기적인 목표를 달성할 방안을 모색하는 과정이다. 어려운 상황일수록 이성적으로 상황을 분석하고, 다양한 가능성을 고려하여 해결책을 찾아야 한다.

위기의 순간에 침착함을 유지하고 감정에 휘둘리지 않으며 객관적으로 상황을 판단하는 것이 바로 전략적 사고다. 상황을 단기적으로 해결하기보다는 장기적인 관점에서 문제를 해결하는 방안을 모색하는 것이 중요하다. 이러한 사고 방식을 통해 우리는 어려움을 기회로 바꾸고, 그 과정을 통해 성장할 수 있다.

또한 전략적 사고는 유연한 사고와 혁신적인 접근 방식을 요구한다. 기존의 틀에서 벗어나 새로운 방법을 모색하고, 때로는 위험을 감수하는 결정을 내릴 필요도 있다. 결국 전략적 사고는 우리가 가진 자원과 가능성을 최대한 활용하여 지속 가능한 성공을 이루는 데 중요한 역할을 한다.

넷플릭스의 사례는 어려운 상황에서 전략적 사고가 어떻게 성공으로 이어질 수 있는지를 잘 보여준다. 2000년대 초반 넷플릭스는 DVD 우편 대여 서비스로 큰 성공을 거두고 있었지만, 불과 몇 년 만에 시장은 급격히 변화했다. 새로운 스트리밍 서비스가 등장하고, 사용자들의 미디어 소비 패턴이 달라졌기 때문이다. 당시 넷플릭스의 창립자 리드 헤이스팅스는 이러한 변화를 빠르게 파악하고 전략적 사고를 발휘했다. 그는 스트리밍 서비스로의 전환을 결정하고 기존의 DVD 우편 대여 사업을 정리하는 결단을 내렸다.

이 결정은 많은 위험을 수반했지만, 리드 헤이스팅스는 변화의 흐름을 읽고 장기적인 관점에서 시장을 선도할 전략을 선택했다. 결국 넷플릭스는 스트리밍 시장의 선두주자로 자리 잡으며 오늘날 세계적인 미디어 플랫폼으로 성장했다. 이 사례는 어려운 상황에서 전략적으로 사고하고 변화를 두려워하지 않는 태도가 어떻게 성공으로 이어질 수 있는지를 잘 보여준다.

🌷 마음 다지기

오늘 하루, 어떤 어려움에도 하나님의 평안을 붙들고 침착함을 유지하자. 눈앞의 문제에 급히 반응하기보다, 기도와 지혜로 근본적인 해결책을 구하며 하나님의 뜻을 분별하자. 불확실한 상황에서도 하나님께서 예비하신 기회를 바라보며 유연하고 담대한 믿음으로 상황에 대처하자. 두려움이 아닌 믿음을 선택하고, 하나님께서 주신 자원과 지혜를 최선을 다해 활용하자. 오늘 믿음 안에서 세우는 계획과 실천이 내일 하나님의 인도하심 안에서 열매 맺을 것을 기대하며 담대히 걸어가자.

● 오늘 나의 실천

....

....

3단계 Faith

스스로를 믿는 힘 기르기

스스로를 믿는 힘은 단단한 내면의 기반 위에서 자란다. 그 기반은 타인의 평가나 순간적인 감정이 아니라, 나에 대한 깊은 이해에서 시작된다. 삶의 방향이 흔들릴 때, 내면의 목소리에 귀 기울이면 다시 중심을 잡을 수 있다. 진짜 믿음은 눈에 보이는 결과가 아닌, 보이지 않는 가능성을 향한 확신이다. 상황이 어렵더라도 '나는 해낼 수 있다'는 자기 신뢰는 삶을 이끄는 강한 에너지가 된다. 결국 스스로를 믿는 사람은 어떤 환경 속에서도 흔들림 없이 앞으로 나아갈 수 있다.

月 : 확신을 주는 내면의 목소리에 귀 기울이기

"말은 생각을 밖으로 끌어내어 우리의 내면세계를 드러낸다."

- 마르쿠스 아우렐리우스

인간은 살아가면서 수많은 상황과 문제에 직면한다. 그러다 보면 때로는 방향을 잃고 마음이 흔들리는 순간도 있다. 그러나 내면에 확신을 품고 살아가는 사람은 어떤 어려움 속에서도 흔들리지 않으며, 신뢰와 믿음을 바탕으로 삶을 이어 갈 수 있다. 이러한 확신의 근원은 바로 하나님의 말씀이다. 말씀은 우리가 나아가야 할 길을 밝혀 주는 빛이자, 우리 마음을 이끄는 변하지 않는 진리다. 예수님께서 "내가 곧 길이요 진리요 생명이니"(요 14:6)라고 말씀하신 것처럼, 하나님의 말씀을 믿고 따를 때 우리는 삶 속에서 진정한 확신을 얻을 수 있다.

하나님은 말씀을 통해 우리에게 자신의 뜻과 계획을 알리신다. 그러나 우리가 그 말씀을 온전히 이해하고 받아들이기 위해서는 먼저 믿음의 눈이 필요하다. 하나님을 믿고 그분의 말씀을 신뢰할 때, 그 말씀은 단순한 문자나 지식을 넘어 우리의 삶을 변화시키는 능력이 된다. 말씀은 우리가 가는 길에 빛을 비추고, 의심과 불안을 몰아내며, 우리 안에 소망과 확신을 심어 준다.

성경 말씀은 단지 읽고 아는 것이 아니라, 삶에 적용하고 실천하는 것이다. 말씀을 마음에 새기고 그대로 살아 낼 때 우리는 하나님의 뜻을 더 깊이 이해하게 되며, 말씀을 통해 흔들리지 않는 내면의 확신을 얻게 된다. 특히 인생의 고비마다 말씀을 붙잡고 의지하는 사람은 내면의 평안을 경험한다.

어느 날 한 청년이 고민을 안고 상담실을 찾아왔다. 그는 미래에 대한 불안으로 매일 힘겹게 살아가고 있었고, 진로에 대해 확신하지 못하고 있었다. 대학을 졸업하고도 원하는 직장을 찾지 못해 수차례 면접에서 떨어진 경험은 그의 마음을 더욱 무겁게 했다. 그는 자주 '내가 잘할 수 있을까?'라는 질문을 스스로에게 던졌고, 그 생각은 그를 점점 더 불안과 두려움 속으로 몰아넣었다. 그는 하나님께 간절히 기도했다. "하나님, 지금 제가 어떻게 해야 할지 모르겠습니다. 이 불안에서 벗어나고 싶어요."

그때 성경 구절 하나가 그의 마음속 깊이 울려 퍼졌다. "내가 너와 함께함이라"(사 41:10). 그 순간, 그의 마음에 깊은 확신이 생겼다. '하나님께서 나와 함께하시는데 내가 무엇을 두려워하랴. 설령 실패하더라도 하나님께서 나를 인도해 주실 것이다.' 이 믿음이 그의 내면을 채우기 시작했다. 이후 그는 다시 한번 용기를 내 도전했고, 하나님의 도우심으로 결국 원하는 직장에 들어갈 수 있었다.

청년은 그 이후로도 삶에서 어려움을 마주할 때마다 하나님의 말씀을 떠올리고, 말씀 속에서 힘을 얻으며 살아가게 되었다. 말씀은 이제 그에게 단순한 문자가 아니라, 삶을 이끄는 빛이자 확신의 근거가 되었으며, 그는 어떤 문제 앞에서도 이 하나님의 말씀을 붙잡고 담대하게 나아갈 수 있게 되었다.

🌷 마음 다지기

오늘 하루, 내면의 확신을 얻기 위해 하나님의 말씀으로 더 깊이 들어가자. 세상의 소리와 혼란이 나를 흔들 수 있지만, 하나님의 말씀은 언제나 나를 다시 세워 주는 반석이다. 불안한 미래와 알 수 없는 상황에서도, 주님의 말씀은 나의 발에 등불이 되어 길을 밝히시고, 두려움 속에서도 담대함을 주신다. 하나님의 약속은 시간이 흘러도 변하지 않으며, 그분의 진리는 흔들리는 마음을 붙잡아 주시는 은혜의 손길이다. 오늘도 말씀을 깊이 묵상하며, 그 안에서 참된 위로와 평안을 누리자.

● 오늘 나의 실천

....

....

 : 가능성을 믿고 바라보는 힘

"당신의 삶은 당신이 그것을 바라보는 방식에 달려 있다."

- 소크라테스

우리가 삶에서 원하는 것을 이루기 위해서는 단순히 노력만 하는 것으로는 충분하지 않다. 그보다 중요한 것이 바로 '바라봄'이다. 무엇을 바라보느냐에 따라 우리의 삶의 방향이 정해지고, 그 시선을 어디에 고정하느냐에 따라 기적이 일어날 수도 있다. 바라봄은 단순한 희망이나 막연한 꿈이 아니라, 내면 깊은 곳에서 나오는 신념과 의지에서 비롯된 강력한 에너지다. 그것은 삶의 목표를 이루게 하는 원동력이며, 우리의 행동을 이끌어 나가는 내적인 힘이다.

성경에서도 바라보는 것이 얼마나 중요한지를 여러 차례 강조한다. 베드로가 예수님을 바라보고 있을 때는 물 위를 걸을 수 있었지만 바람과 파도에 시선을 뺏기자 두려움에 사로잡혀 물에 빠졌다. 예수님께서는 "믿음이 작은 자여 왜 의심하였느냐"(마 14:31)라고 말씀하며 베드로를 배로 올리셨다. 이 장면은 우리가 무엇을 바라보느냐에 따라 믿음이 유지되기도 하고 흔들리기도 한다는 사실을 보여준다. 바라봄은 곧 믿음의 표현이며, 그 믿음은 우리 삶 속에서 놀라운 기적을 이루는 토대가 된다.

바라봄의 힘은 현실을 초월하여 희망과 가능성을 향해 나아가게 한다. 고통의 한가운데서도 소망을 바라보고, 절망적인 상황 속에서도 미래의 가능성을 향해 시선을 고정하는 것이 중요하다. 우리가 어디를 바라보느냐에 따라 우리의 생각이 바뀌고, 마음이 달라지고, 결국 삶이 변화된다. 결국 우리의 삶은 우리가 바라보는 방향으로 흘러가게 되어 있다.

어느 한 여성의 이야기는 이 바라봄의 힘이 현실을 얼마나 바꿀 수 있는지를 잘 보여준다. 그녀는 어려서부터 경제적인 어려움 속에서 자랐고, 늘 '내가 과연 해낼 수 있을까?'라는 의심 속에서 살아갔다. 그러던 어느 날 그녀는 기도 중에 자신에게 하는 기도, 곧 자신의 영혼을 향한 말씀을 되새기게 되었다. "내 영혼아 네가 어찌하여 낙심하며 어찌하여 내 속에서 불안해하는가 너는 하나님께 소망을 두라 나는 그가 나타나 도우심으로 말미암아 내 하나님을 여전히 찬송하리로다"(시 42:11). 이 말씀을 통해 그녀는 내면의 소망을 회복하였고, 자신의 마음을 하나님께로 다시 고정하게 되었다.

그녀는 작은 서점에서 일하고 있었지만, 언젠가 자신만의 작은 카페를 열고 싶다는 오랜 꿈을 품고 있었다. 하지만 현실은 냉혹했고, 그 꿈은 늘 멀게만 느껴졌다. 그러던 중 또 하나의 말씀이 그녀에게 큰 위로와 용기를 주었다. "내가 진실로 진실로 너희에게 이르노니 나를 믿는 자는 내가 하는 일을 그도 할 것이요 또한 그보다 큰 일도 하리니 이는 내가 아버지께로 감이라"(요 14:12). 그녀는 이 말씀을 붙잡고 매일 감사일기를 쓰며 자신의 꿈을 마음속에 그리기 시작했다. 카페에 필요한 물건들을 하나둘 모으며, 비록 작은 행동일지라도 한 걸음씩 나아갔다. 그녀의 시선은 늘 그 꿈, 바로 자신의 카페를 향해 있었다.

그러던 어느 날, 그녀는 우연한 대화를 통해 놀라운 기회를 얻게 되었다. 한 사람이 운영하던 커피숍을 정리하려는 상황이었고, 그녀는 그 기회를 놓치지 않고 바로 그 자리에 자신의 카페를 열 수 있었다. 그녀의 오랜 꿈은 마침내 현실이 되었고, 그 시작은 '무엇을 바라보느냐'라는 마음가짐에서 비롯된 것이었다. 그녀는 바라봄의 힘이 삶을 변화시킬 수 있음을 몸소 경험했다. 그 바라봄은 단지 시각적인 고정이 아니라, 하나님을 신뢰하고 자신을 믿는 믿음에서 비롯된 확고한 시선이었다. 그녀의 변화는 결국 그 시선이 향한 곳에서 시작되었다.

🌷 마음 다지기

오늘 하루, 내가 무엇을 바라보는지에 따라 내 신앙과 삶이 어떻게 빚어지는지를 깊이 묵상해 보자. 우리의 시선이 어디를 향하는지에 따라 우리의 마음과 생각, 그리고 삶의 방향이 달라진다. 세상의 어려움이 아닌 하나님을 바라볼 때 우리의 영혼에는 믿음과 소망이 자라난다. 작은 일에도 감사하는 마음과 고난 중에도 주님의 뜻을 찾으려는 믿음의 태도는 삶을 변화시키는 하나님의 통로가 된다. 오늘도 주님을 바라보며 그 안에서 기적 같은 은혜를 발견하자.

● 오늘 나의 실천

_____

_____

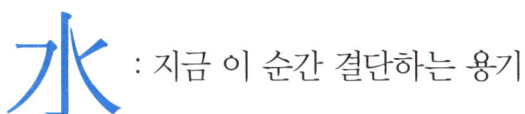

水 : 지금 이 순간 결단하는 용기

"지금 이 순간이 결국 모든 순간이다."

- 탈레스

우리는 종종 '내일' '다음 달' '나중에'라는 말을 하며 중요한 결정을 미루곤 한다. 하지만 진정한 변화와 성장은 '지금'이라는 시간 속에서 일어난다. 믿음의 결단은 바로 이 순간 주저하지 않고 행동으로 옮길 때 그 진가를 발휘한다. 믿음은 단순히 마음속에 품고 있는 감정이나 생각이 아니라, 실제적인 결단과 그에 따른 행동을 통해 나타나는 것이다. 그런 의미에서 믿음의 결단은 변화의 시작이며, 우리의 미래를 여는 열쇠가 된다.

많은 사람이 어려움이나 도전에 직면했을 때, 믿음을 가지고 결단하기보다 주저하거나 아예 포기하기도 한다. 그러나 믿음의 결단은 지금 이 순간의 선택을 통해 우리를 변화시키고, 더 큰 가능성과 기회를 향해 나아가게 만든다. 그것은 현실을 그대로 받아들이는 것이 아니라, 현실을 넘어 새로운 삶을 향해 나아가려는 의지이기도 하다. 믿음의 결단은 곧 도전이며, 두려움과 의심을 이겨 내는 힘이다. 동시에 그것은 자신을 새롭게 변화시키는 과정이며, 그 과정을 통해 우리는 삶의 더 깊은 의미를 발견하게 된다. 우리가 믿음으로 결단할 때, 그 결단은 단지 개인의 변화로 끝나는 것이 아니라, 주변 사람들에게도 긍정적인 영향을 끼치며 함께 성장하는 여정이 된다.

의사의 길을 포기하고 선교사의 길로 나선 청년의 이야기이다. 김현수(가명)는 서울의 한 유명 의과대학을 졸업하고, 대형 병원에서 인턴 생활을 하던 중 자신에게 진정한 삶의 의미가 무엇인지에 대한 고민에 빠졌다. 의사라는 안정된 미래와 사회적 지위가 보장되어 있었지만, 그의 마음 한구석에는 오랫동안 꿈꿔온 '아프리카에서의 의료 선교'라는 비전이 자리잡고 있었다.

하지만 그 길을 선택한다는 것은 모든 것을 내려놓아야 한다는 뜻이기도 했다. 가족의 반대, 경제적인 불안, 그리고 불확실한 미래. 그는 수없이 '나중에', '좀 더 준비되면', '몇 년 뒤에'라는 말을 되뇌며 결정을 미루고 있었다.

그러던 어느 날, 그는 병원에서 중환자실에 실려 온 한 아이를 보며 깊은 충격을 받았다. 생명을 살리는 일의 가치와 동시에, 더 많은 생명을 살릴 수 있는 자신의 사명을 다시금 떠올리게 된 것이다. 그 순간, 그는 더 이상 결정을 미루지 않기로 했다. "지금이 바로 그 때다"라는 강한 마음이 들었고, 그는 병원을 그만두고 선교사 훈련원에 등록했다.

그의 결단은 단순한 직업의 변화가 아니라, 삶의 방향 자체를 바꾸는 용기 있는 선택이었다. 지금은 아프리카의 한 오지 마을에서 의료와 교육 사역을 함께하며 수많은 이들에게 희망을 전하고 있다. 그의 결단은 주변 사람들에게도 깊은 울림을 주었고, 많은 이들이 자신의 삶을 돌아보며 새로운 도전을 결심하게 되었다.

🌷 마음 다지기

오늘 하루, 믿음의 결단을 내리자. 믿음의 결단이란 과거의 실패와 두려움에 머무르지 않고, 하나님께서 주신 이 순간 말씀에 순종하며 행동하는 것이다. 오늘 내리는 작은 결단이 바로 내일을 변화시키는 첫걸음임을 믿으며 즉시 실천으로 옮기자. 과거에 대한 후회나 미래에 대한 걱정에 얽매이지 말고, 주님 안에서 담대히 나아가자. 이 모든 결단이 하나님께서 계획하신 새 삶을 이루어가는 귀한 발판이 될 것이다. 오늘을 믿음으로 살아가자.

● **오늘 나의 실천**

起_시작

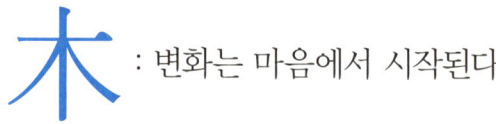 : 변화는 마음에서 시작된다

"마음의 변화 없이는 외부 세계도 변하지 않는다."

- 플라톤

우리는 종종 기적을 외부에서 찾으려 한다. 전설적인 사건이나 기적 같은 상황이 갑작스럽게 우리의 삶에 나타나기를 기대한다. 그러나 진정한 기적은 결코 외부에서 일어나는 것이 아니다. 기적은 우리 내면의 변화에서 비롯된다. 우리의 생각, 태도, 감정, 믿음이 바뀔 때, 그 내면의 변화는 삶에 놀라운 결과를 가져오며 진정한 기적을 만들어 낸다.

기적은 운명에 맡기는 것이 아니라, 스스로를 믿고 마음을 변화시키려는 결단에서 시작된다. 어떤 상황에서도 희망을 잃지 않고 자신을 위한 새로운 길을 개척하려는 노력이, 바로 기적을 만들어 내는 출발점이 된다. 마음이 바뀌면 삶의 방향 또한 달라진다. 우리가 세상과 자신을 바라보는 시각은 마음의 상태에 따라 완전히 달라질 수 있다. 불행과 역경이 반복되고 아무리 노력해도 상황이 나아지지 않을 때, 우리는 좌절하고 무기력해지기 쉽다. 그러나 이때 가장 중요한 것은 마음을 새롭게 하는 것이다. '이 상황이 내 삶을 결정짓는 것이 아니라, 내가 어떻게 반응하느냐가 중요하다'는 인식을 가질 때, 우리는 삶을 새롭게 바라볼 수 있게 된다. 마음이 바뀌는 순간, 삶의 모든 가능성이 열리기 시작한다.

어떤 일이든 내면에서 시작된 변화는 시간이 지나며 긍정적인 결과를 낳는다. 진심으로 자신의 변화를 결심하고 그것을 행동으로 옮길 때, 우리는 단지 기적을 기다리는 것이 아니라 스스로 기적을 만들어 낼 수 있다.

수진(가명)이라는 소녀는 어릴 때부터 병약한 몸으로 인해 오랜 시간 고통 속에 있었다. 그녀는 어린 시절 대부분을 병원에서 보내야 했고, 점차 삶에 대한 희망을 잃어갔다. 친구들도 하나둘 떠나갔고, 그녀는 결국 모든 것을 포기한 채 누워 지내는 날이 많아졌다. 절망과 무기력함이 그녀의 일상이 되어 버린 것이다.

그러던 어느 날, 그녀는 더는 이렇게 살아갈 수 없다는 생각이 들었다. '이대로 나약한 나를 계속 끌고 가다 보면, 내 인생은 끝내 병원 생활과 고통의 연속이 될 거야'라는 깨달음이 그녀 안에 일었다. 그 순간 그녀는 마음을 다잡고 작은 결단을 내렸다. 그리고 '내가 내 삶을 변화시키지 않으면 아무리 시간이 지나도 나는 같은 자리에 머물러 있을 거야. 이제 내 안에서 무언가를 바꿔 봐야겠어'라고 결심했다.

그녀는 우선 자신의 마음부터 변화시키기 시작했다. 매일 '나는 나을 수 있다', '나는 이 고통을 이겨 낼 수 있다'고 긍정적인 말을 되뇌었다. 그리고 할 수 있는 작은 행동부터 실천에 옮겼다. 가벼운 운동으로 몸을 움직이기 시작했고, 건강한 식단을 유지하며 몸과 마음을 동시에 돌보았다. 그녀는 점차 자신을 믿게 되었고, 상황을 바꿀 수 있는 힘을 자기 안에서 찾아가기 시작했다.

그로부터 몇 달 후, 그녀는 놀라운 회복을 경험하였다. 오랜 시간

동안 싸워야 했던 병을 이겨 내고 마침내 건강을 되찾은 것이다. 수진은 나중에 "마음이 변하니 내가 겪었던 모든 어려움이 의미 있게 바뀌었다"라고 고백했다. 그녀의 말처럼 기적은 외부에서 온 것이 아니라 자신의 마음을 바꾸려는 결단에서 시작되었고, 그 변화는 결국 현실 속에서 나타났다.

이처럼 진정한 기적은 특별한 사건이 아니라, 내면에서 시작된 변화와 결단에서 비롯된다. 마음을 바꾸는 것이야말로 삶 전체를 바꾸는 시작이며, 우리가 그 순간을 선택할 때 기적은 스스로 만들어지는 것이다.

🌷 마음 다지기

오늘 하루, 기적은 멀리 있는 것이 아니라 내 마음이 변화될 때 시작됨을 기억하자. 삶의 모든 순간은 하나님을 어떻게 바라보는지에 따라 달라지며, 그 믿음의 시선이 바로 기적을 이루는 힘이다. 어려운 상황과 해결할 수 없을 것 같은 문제 앞에서도 주님의 은혜를 신뢰하며 마음을 새롭게 하자. 긍정과 감사로 가득 찬 마음은 하나님께서 역사하시는 통로가 되어, 작지만 분명한 기적을 만들어 낸다. 외부 환경에 흔들리지 말고 하나님 안에서 마음을 지키는 것, 이것이 참된 기적임을 깨닫고 오늘을 살아가자.

● 오늘 나의 실천

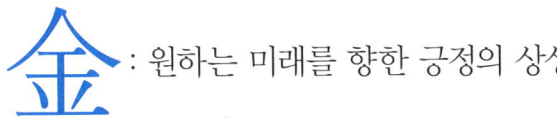 : 원하는 미래를 향한 긍정의 상상

"미래는 우리가 오늘 하는 일에 달려 있다."

- 마하트마 간디

우리는 모두 각자의 미래에 대한 꿈을 가지고 살아간다. 누구나 목표가 다르고 꿈의 모양도 다르지만, 중요한 것은 그 꿈을 단지 먼 미래의 일로 두지 않고 '지금 이 순간'으로 불러오는 능력이다. '성취된 미래를 현재로 불러오라'는 말은 단순히 목표를 이루겠다는 다짐을 넘어서, 이미 그 꿈이 이루어진 것처럼 살아가는 태도를 의미한다. 이를 위해서는 자기 자신을 믿고, 그 믿음을 바탕으로 목표를 향해 한 걸음씩 나아가야 한다.

미래는 어느 날 갑자기 찾아오는 것이 아니다. 그것은 오늘의 선택과 행동으로 만들어진다. 우리가 그리는 미래의 모습은 결국 현재를 살아가는 우리의 태도와 자세에 달려 있다. 성취된 미래를 현실로 끌어오려면, 지금 이 순간 내가 어떤 생각을 하고 어떤 자세로 살아가느냐가 결정적인 요소가 된다.

목표 없이 노력하는 것은 방향 없는 배를 타는 것과 같다. 분명한 목표를 갖고, 그 목표가 이뤄진 모습을 머릿속에 생생히 떠올려 보라. 목표는 추상적인 이상이 아니라 구체적이고 실현 가능한 것이어야 한다. 목표를 세웠다면, 이미 그 목표를 이룬 사람처럼 생각하고 행동하는 습관을 들여야 한다.

아직 목표를 이루지 못했더라도 그것을 이룬 것처럼 말하고, 행동하고, 살아가는 것이 중요하다. 내가 되고 싶은 모습, 이룬 결과를 상상하며 살아갈 때 그것이 목표가 현실이 되는 첫걸음이 된다. 자기 자신에 대한 믿음이 없다면 아무리 노력해도 성취된 미래를 현실로 만들기 어렵다. 또 실패와 어려움이 있더라도 결코 포기하지 말고 나아가야 한다.

미래를 긍정적인 시각으로 바라보고, 내가 이루고자 하는 것을 이미 이루었다는 믿음을 가지고 행동하라. 긍정적인 마음가짐은 어려움을 극복하게 하고, 때로는 불가능하다고 여겨지는 일도 이루게 하는 힘이 된다. 결국 삶은 우리가 생각하는 대로 움직이고 변화한다.

미래의 나를 만들기 위해서는 매일의 시간을 성실히 살아가는 것이 필요하다. 오늘의 작은 실천이 내일의 큰 변화를 만든다. 하루하루를 의미 있게 살아가는 것, 그것이 성취된 미래로 가는 길이다. 시간은 되돌릴 수 없으니 지금 이 순간을 최대한 활용하라.

김성호(가명) 씨는 40대 중반의 택배기사이다. 그는 매일 새벽부터 밤늦게까지 물건을 나르며 생계를 유지해 왔다. 겉보기에는 그저 평범한 가장이었지만, 그의 마음속에는 오래된 꿈 하나가 자리 잡고 있었다. 바로 청소년 상담사가 되는 것이었다.

어린 시절 집안 형편으로 중학교도 제대로 마치지 못했던 김 씨는 늘 배움에 대한 갈증이 있었고, 청소년 시절 방황했던 자신의 경험을 바탕으로, 같은 길을 걷고 있는 아이들에게 도움을 주고 싶다는 꿈을 간직해왔다. 하지만 현실은 녹록지 않았다.

가족을 부양해야 했고, 공부를 하기엔 시간도, 체력도 부족했다. 그러나 어느 날, 그는 스스로에게 다짐한다.

"내가 지금은 상담사가 아니지만, 상담사가 될 사람이다. 나는 이미 준비된 사람이다." 그때부터 김 씨는 매일 새벽 30분, 그리고 밤잠을 줄여 1시간씩 검정고시를 준비했다. 차 안에 작은 스탠드를 설치하고, 배송 중간에도 틈틈이 책을 읽고 강의를 들었다. 그는 자신의 꿈이 이루어진 것처럼 행동했고, 이미 상담사인 사람처럼 사고하고 살아갔다. 1년 후, 그는 고졸 검정고시에 합격했고, 이후 야간 대학의 청소년 상담학과에 입학했다. 주변에서는 "그 나이에 무슨 공부냐"고 말렸지만, 그는 "나는 상담사가 될 사람"이라는 믿음을 포기하지 않았다. 대학 졸업 후에는 마침내 상담사 자격증도 취득했고, 현재는 주말마다 지역 청소년센터에서 청소년 멘토로 활동하고 있다.

사람들은 보통 꿈이 현실과 너무 동떨어져 있다고 생각하면 시작조차 하지 않거나 포기해버린다. 그러나 김 씨처럼 꿈을 구체화하고, 그 꿈을 향해 매일 한 걸음씩 나아간다면 그것은 더 이상 '꿈'이 아닌 '목표'가 된다. 그리고 그 목표는 결국 실현 가능한 현실이 된다.

꿈을 향한 길에는 분명 어려움도 있고 실패도 있다. 하지만 긍정적인 마음가짐은 그런 시련을 견뎌내게 하는 힘이 된다. 미래에 대한 긍정적인 시각은 단순한 희망이 아닌, 행동으로 이어질 수 있는 원동력이다.

🌷 마음 다지기

오늘 하루, 하나님께서 약속하신 축복과 미래가 이미 내 삶에 이루어졌다고 믿으며 살아가자. 많은 사람이 미래를 꿈꾸고 기다리지만, 하나님의 뜻 안에서 지금 이 순간 그 꿈을 믿음으로 살아가기로 결단하자. 미래는 나의 믿음과 순종, 그리고 하나님의 인도하심에 따라 지금 이 자리에 현실로 다가온다. 매일의 작은 선택과 행동이 하나님께서 예비하신 미래를 이루는 밑거름임을 기억하며 주저하지 말고 담대히 걸어가자. 하나님이 원하시는 길을 믿음으로 따를 때, 그분이 약속하신 축복이 점차 내 삶에 임할 것이다.

● 오늘 나의 실천

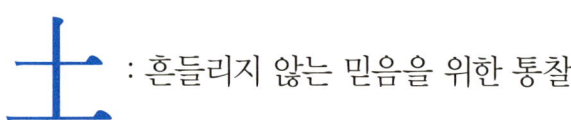

土 : 흔들리지 않는 믿음을 위한 통찰

"믿음은 결코 완전한 이해가 아니라 하나님에 대한 신뢰다."

- C. H. 스펄전

믿음은 우리의 삶을 이끄는 중요한 원동력이다. 성경에서 말하는 믿음은 단순한 신뢰를 넘어 하나님에 대한 확신과 그분의 약속을 의지하며 살아가는 삶의 방식이다. 예수님은 마태복음 17장 20절에서 겨자씨 한 알만 한 믿음만 있어도 산을 옮길 수 있다고 말씀하셨다. 이는 아무리 작은 믿음이라도 하나님께 온전히 맡길 때, 그 믿음을 통해 크고 놀라운 일을 이룰 수 있다는 의미다.

하나님께서 우리에게 믿음을 주셨다는 사실을 기억하고, 그 믿음을 날마다 견고히 해 나가는 것이 중요하다. 믿음은 우리 인생의 어려운 순간에도 하나님을 의지할 수 있도록 돕는 길잡이며, 삶의 방향을 제시해 주는 빛과 같다. 시편 119편 105절에서는 "주의 말씀은 내 발에 등이요 내 길에 빛이니이다"라고 말씀한다. 이 말씀처럼 하나님의 말씀은 우리의 믿음을 굳건히 하고, 흔들리는 상황 속에서도 우리가 올바른 길을 가도록 인도해 준다.

믿음은 또한 시험과 고난 속에서 더욱 강해진다. 야고보서 1장 3절은 "너희 믿음의 시련이 인내를 만들어 내는 줄 너희가 앎이라"라고 말씀한다. 우리가 고난 가운데 있을 때, 그 고난은 단지 괴로운 것이 아니라 믿음을 연단하는 기회가 된다. 믿음은 고난 속에서 단단해지고, 하나님께서 인도하시는 길에 대한 확신을 더욱 굳건히 세워 준다. 그러므로 성경은 우리가 믿음을 지키기 위해 말씀을 붙들고, 기도에 힘쓰며, 믿음의 공동체 안에서 함께 성장해 나갈 것을 강조한다.

정민(가명)은 경제적인 어려움과 가족 간의 갈등으로 큰 시련을 겪고 있었다. 그의 사업은 계속해서 위기를 맞았고, 가정에서는 불화가 깊어져 마음의 평안을 잃어버렸다. 그는 '왜 하나님은 나를 도와주시지 않는 걸까?'라는 의문을 품으며, 점점 믿음이 흔들리기 시작했다. 그러던 어느 날, 그는 히브리서 13장 5절의 "내가 결코 너희를 버리지 아니하고 너희를 떠나지 아니하리라"라는 구절을 묵상하였다.

그 말씀은 그의 마음을 다시 붙들어 주었다. 하나님께서 여전히 자신과 함께하신다는 확신이 생겼고, 정민은 다시 믿음으로 일어서기로 결심했다. 그는 자신의 상황을 하나님께 맡기고, 기도하며 사업과 가정을 하나하나 회복시키기 위해 노력했다. 사업을 위한 계획을 세우고 최선을 다하면서도 매 순간 하나님께 의지했고, 아내와의 관계를 회복하기 위해 끊임없이 소통하고 이해하려 애썼다.

그의 믿음은 현실을 바꾸기 시작했다. 시간이 지나면서 사업은 서서히 회복되었고, 가족 간의 갈등도 점차 해결되어 가정에 평화가 찾아왔다. 정민은 하나님께서 주신 믿음을 지키며 살아갈 때 삶의 위기를 어떻게 극복할 수 있는지를 깊이 체험했다. 그는 이제 믿음의 견고함이 삶을 이끌어 가는 힘이라는 것을 확신하게 되었고, 그 믿음 위에 자신의 삶을 다시 세워 나가고 있다.

믿음은 감정이나 순간의 열정이 아니라, 삶 전반을 하나님께 맡기고 그분의 인도하심을 따르겠다는 의지의 표현이다. 그 믿음은 우리가 마주하는 시련 속에서 더욱 단단해지며, 하나님의 역사하심을 경험하게 하는 통로가 된다.

🌷 마음 다지기

오늘 하루, 견고한 믿음은 어떤 외부적인 상황에도 흔들리지 않는다는 진리를 묵상하자. 하나님은 언제나 변함없이 나와 함께하시며, 그분의 말씀은 어둠 속에서도 내 길을 밝히는 빛이 되어 주신다. 어려움과 시험 가운데서도 하나님을 신뢰하며, 그분의 인도하심을 의지하자. 말씀 안에서 힘과 지혜를 얻으며, 하나님과의 깊은 교제를 통해 믿음을 더욱 견고히 세워 가자. 그분의 약속을 굳게 붙들고 오늘도 담대히 믿음의 걸음을 내딛자.

● **오늘 나의 실천**

....

....

承

4단계 Dream 삶의 방향을 찾는 꿈 그리기

사람은 누구나 마음속에 꿈을 품고 살아간다. 크든 작든 그 꿈은 삶을 움직이는 원동력이며, 앞으로 나아가게 하는 방향이다. 하지만 꿈이 단지 바람에 그치지 않기 위해서는 분명한 계획과 실천이 뒷받침되어야 한다. 마치 여행을 떠나기 전 목적지를 정하고 경로를 세우듯, 꿈에도 구체적인 지도가 필요하다. '마음의 하늘에 새기는 꿈의 지도'란, 내가 진정으로 원하는 것뿐 아니라 그것을 어떻게 이룰지를 스스로 그려 보는 과정이다. 계획이 있을 때, 우리는 더는 흔들리지 않고 삶의 방향을 분명히 할 수 있다. 그 방향을 따라 한 걸음씩 나아갈 때, 꿈은 머나먼 이상이 아닌 손에 잡히는 현실이 된다.

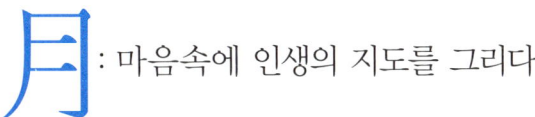

月 : 마음속에 인생의 지도를 그리다

"꿈은 우리가 진정으로 원하는 것들을 실현하기 위한 내면의 지침이다."

- 카를 융

　인생은 한 번뿐인 소중한 여정이다. 이 여정에서 우리는 때때로 자신이 어디로 가고 있는지, 무엇을 이루고자 하는지를 잊어버리기도 한다. 그런 순간일수록 마음의 하늘에 '꿈의 지도'를 그리는 일이 얼마나 중요한지 깨닫게 된다. 꿈은 우리를 이끄는 내면의 힘이며, 그 꿈을 구체화한 지도는 우리가 가야 할 길을 명확히 보여주는 나침반이 된다.

　꿈을 그리기 위해서는 먼저 자신의 마음을 깊이 들여다보아야 한다. 우리가 진정으로 원하는 것이 무엇인지, 어떤 삶을 살고 싶은지를 명확히 알지 못한다면 그 꿈은 막연하고 흐릿하게만 느껴질 것이다. 내면의 소리에 귀를 기울이고 진심으로 원하는 목표를 세울 때, 비로소 분명하고 구체적인 '꿈의 지도'가 그려지기 시작한다.

　이렇게 꿈을 구체화하고 그 꿈을 향해 나아갈 길을 찾는 일은 단순한 목표 설정을 넘어, 내가 이 세상에서 어떤 사람으로 살아갈지를 결정하는 중요한 과정이다. 마음의 하늘에 새겨진 그 꿈의 지도는 우리가 매일 한 걸음씩 나아갈 수 있게 만드는 원동력이 된다. 가끔 목표가 흐릿하게 느껴질 때도 있지만, 꿈의 지도는 결국 우리가 가야 할 방향을 잃지 않도록 이끌어 준다.

예를 들어, 마하트마 간디는 인도의 독립이라는 역사적 목표를 위해 자신의 삶을 바쳤다. 그러나 그의 꿈은 단지 정치적인 해방이 아니라 인류애와 비폭력, 평화의 가치를 실현하는 것이었다. 그는 확고한 신념을 갖고 자신의 길을 걸었고, 수많은 고난과 역경 속에서도 그 꿈은 그를 끝까지 이끌었다.

J. K. 롤링은 작가로서의 꿈을 이루기까지 수많은 출판사의 거절을 경험했다. 그러나 그녀는 자신의 이야기를 세상에 전하고자 하는 꿈을 포기하지 않았고, 결국 《해리 포터》 시리즈는 전 세계적으로 사랑받는 작품이 되었다. 그녀의 성공은 한 번의 행운이 아니라, 꿈을 이루기 위해 계속해서 도전하고 노력한 결과였다.

또한 알베르트 아인슈타인은 어린 시절부터 특별한 재능을 보였지만 그 재능은 쉽게 인정받지 못했다. 그는 정규 학문의 경로에서 벗어나 있었고, 사람들은 그가 과학에서 두각을 나타낼 수 없을 것이라고 생각했다. 그러나 그는 기존의 틀에 얽매이지 않고 세상을 바라보았고, 끊임없는 탐구와 도전을 통해 마침내 상대성 이론이라는 인류 역사상 중요한 발견을 이끌어 냈다. 아인슈타인의 꿈은 세상의 본질을 깊이 이해하고자 하는 것이었고, 그의 신념과 노력은 그 꿈을 현실로 만들었다.

이처럼 마음속에 그려진 꿈의 지도는 우리 삶을 이끌고, 방향을 제시해 주며, 어려움 속에서도 포기하지 않도록 우리를 붙잡아 준다. 우리가 그 지도에 따라 성실히 걸어갈 때, 언젠가는 그 꿈이 현실이 되어 우리 앞에 펼쳐질 것이다.

🌷 마음 다지기

오늘 하루, 내 마음에 하나님께서 주신 꿈과 비전을 분명히 그리자. 비전이 없으면 흔들리기 쉽지만, 주님의 인도하심으로 그린 비전은 나를 올바른 길로 이끈다. 현실의 어려움과 두려움이 앞을 가로막을 때도 하나님께서 주신 비전을 마음에 새기며 소망을 잃지 말자. 믿음으로 한 걸음씩 나아갈 때 그 비전은 반드시 이루어질 것이다. 오늘도 주님의 계획을 신뢰하며 담대히 걸어가자.

● **오늘 나의 실천**

火 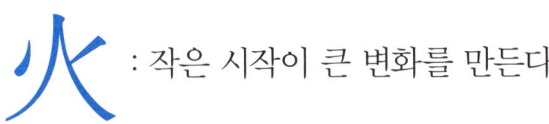 : 작은 시작이 큰 변화를 만든다

"한 걸음 한 걸음이 모여 결국 위대한 목표를 이룬다."

- 플로렌스 나이팅게일

작은 시작이 큰 성취로 이어진다는 말은, 우리가 어떤 목표를 이루기 위해 반드시 크고 화려한 출발을 해야 하는 것은 아님을 일깨워 준다. 오히려 작고 소박한 출발이야말로 진정한 성공의 출발점이 될 수 있다는 깊은 교훈을 담고 있다. 많은 사람이 큰 성취만 바라보다 시작조차 하지 않거나, 시작이 두려워 아예 꿈을 포기하기도 한다. 그러나 실제로 세상에서 이루어진 수많은 성공은 아주 작은 아이디어나 조심스러운 첫걸음에서 비롯되었으며, 그것이 꾸준한 노력과 인내로 이어지면서 결국 큰 성과로 발전한 것이다.

그런 면에서 가장 중요한 것은 바로 첫걸음을 내딛는 용기, 그리고 그 걸음을 멈추지 않고 계속 이어 가는 힘이다. 작은 시작은 결코 사소한 것이 아니다. 그것은 오히려 큰 변화를 이끌어 내는 강력한 원동력이 될 수 있다.

작은 시작이 큰 성취로 이어지는 데는 몇 가지 중요한 필요 요소가 있다. 첫 번째는 첫걸음이다. 목표를 향한 첫걸음이 보잘것없고 미약하게 보일 수 있지만, 그 작은 걸음 하나가 또 다른 걸음을 낳고, 그것이 쌓여 결국 커다란 변화를 이룬다. 수많은 대기업 역시 처음에는 단 한 사람의 아이디어, 몇 명의 작은 팀에서 출발했다. 그러나 그들은 지속적인 노력과 혁신을 통해 세계적인 기업으로 성장할 수 있었다.

두 번째는 꾸준한 노력과 인내다. 작은 시작이 큰 성취로 이어지기 위해서는 그에 걸맞은 지속적인 노력이 필요하다. 하루하루 성실히 쌓아가는 작은 실천들이 결국 큰 결과를 만든다. 운동을 처음 시작한 사람이 하루에 10분도 힘들어하다가도 꾸준히 시간을 늘리고 반복하다 보면, 몇 달 후에는 훨씬 더 강한 체력을 갖게 되는 것과 같다. 이처럼 작은 성취들이 시간이 지나며 모이고 쌓여 결국 눈에 보이는 커다란 결과로 이어지게 된다.

세 번째는 용기다. 작은 시작이 중요한 이유는 그것이 두려움과 불확실성을 이겨 낼 수 있는 용기를 우리에게 준다는 데 있다. 시작의 순간에는 누구나 망설이게 되고, 실패에 대한 두려움을 느낀다. 하지만 그 두려움을 넘어 첫걸음을 내딛는 것, 그것이 바로 변화와 성공의 시작이다. 큰 성공은 대개 이 두려움을 뛰어넘고 용기를 내 시작한 사람들에게 찾아온다. 작은 시작이라고 느껴져도 용기 있게 행동에 나서는 사람이 결국 큰 성취를 거두는 것이다.

이러한 원리를 잘 보여주는 인물 중 한 사람이 바로 월트 디즈니다. 오늘날 '디즈니'라는 이름으로 대표되는 거대한 미디어 제국의 창립자인 그는 전 세계 어린이와 어른 모두에게 꿈과 희망을 전달하는 이야기의 창조자로 널리 알려져 있다. 하지만 그의 시작은 거창하지 않았다. 오히려 매우 보잘것없었고, 수많은 실패와 좌절로 가득했다.

월트 디즈니는 가난한 환경에서 자랐고, 처음 그가 꿈꾸었던 디즈니랜드와 같은 테마파크는 많은 이에게 비현실적인 이상처럼 여겨졌다. 초기 투자자들은 그가 만든 만화 캐릭터에 회의적이었고, 그의 첫 사업은 실패로 끝나기도 했다. 하지만 디즈니는 포기하지 않았다. 그는 수많은 거절과 실패를 겪으면서도 자신의 작은 아이디어를 믿고 끝없이 노력했다.

그가 만든 첫 번째 인기 캐릭터인 '미키 마우스'가 세상에 처음 등장했을 때 그것이 세계적인 캐릭터가 될 것이라고는 아무도 기대하지 않았다. 그러나 월트 디즈니는 그 작은 캐릭터에 창의력과 열정을 불어넣으며 지속적으로 작품을 발전시켜 나갔다. 그의 노력은 결국 수많은 캐릭터와 이야기를 탄생시켰고, 오늘날 디즈니는 전 세계에서 가장 영향력 있는 엔터테인먼트 기업 중 하나가 되었다.

이처럼 작은 시작은 결코 작지 않다. 그것은 미래의 큰 성취를 가능하게 하는 씨앗이며, 용기와 인내, 꾸준한 실천이 함께할 때 그 씨앗은 거대한 나무로 자라난다. 우리 역시 어떤 목표를 품고 있다면, 지금 이 순간 두려워하지 말고 작은 시작을 위한 한 걸음을 내디뎌야 한다. 그 작은 걸음이 언젠가 상상도 못 할 정도의 커다란 결실로 이어질 수 있다.

🌷 마음 다지기

오늘 하루, 하나님께서 기뻐하시는 작은 순종이 결국 큰 열매로 이어진다는 진리를 마음에 새기자. 비록 시작은 미약한 것처럼 보여도, 하나님은 그 작은 믿음의 씨앗을 통해 놀라운 열매를 거두신다. 늘 기도하고 말씀에 따라 성실히 살아가는 하루하루가 결국 하나님의 뜻을 이루는 길이 됨을 믿자. 오늘의 작은 헌신이 내일의 큰 은혜로 이어질 것을 기대하며 주 안에서 성실히 걸어가자.

● 오늘 나의 실천

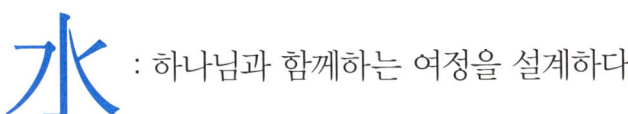# 水 : 하나님과 함께하는 여정을 설계하다

"하나님께서 주신 꿈은 그의 뜻을 따르는 여정에서만 완전히 실현된다."

- 조나단 에드워즈

하나님과 함께하는 꿈의 여정은 단순히 목표를 달성하는 것을 넘어, 하나님께서 우리를 위해 미리 준비하신 계획을 따라 살아가는 삶의 여정이다. 우리가 품은 꿈이 아무리 크고 아름답다 할지라도, 그 꿈을 이루는 과정에서 가장 중요한 것은 하나님과 동행하는 것이다. 하나님은 각 사람에게 고유한 꿈을 주셨으며, 그 꿈이 이루어지도록 우리와 함께하시며 인도하신다. 이 여정에서 무엇보다 중요한 것은 하나님의 뜻에 순종하며 그분의 인도하심을 신뢰하는 마음이다.

하나님과 함께하는 꿈의 여정은 결코 쉽지 않다. 그러나 그 길을 걷는 동안 우리는 하나님의 크고 놀라운 계획을 점차 발견하게 된다. 꿈을 이루는 과정에서 여러 도전과 어려움에 직면할 수 있지만, 하나님은 그 가운데서도 우리를 지켜보며 우리가 성장할 수 있도록 도와주신다. 그 어려움은 우리가 혼자 감당해야 할 무거운 짐이 아니라, 하나님과 동행하며 그분의 계획을 믿고 따르는 과정이다. 따라서 이 여정에서는 인내와 믿음이 매우 중요하다. 우리의 계획대로 일이 진행되지 않을 때도 하나님은 우리가 최선의 길을 걸을 수 있도록 도와주신다. 하나님과 함께하는 삶은 우리의 시선을 세상의 기준에서 벗어나 하나님의 뜻으로 향하게 만든다. 그분과 동행할 때, 우리는 상상하지도 못했던 방식으로 꿈을 이루게 될 것이다.

성경 속 요셉은 하나님과 함께하는 꿈의 여정을 잘 보여주는 인물이다. 어릴 적 요셉은 자신이 꾸었던 꿈을 형들에게 이야기했는데, 이를 들은 형들은 그를 미워하여 상인에게 팔아넘겼다. 이후 그의 삶은 결코 순탄하지 않았다. 그러나 요셉은 어려운 환경에서도 하나님을 신뢰하며 살아갔다. 그는 하나님의 뜻을 믿고 자신에게 주어진 사명에 충실했으며, 어떤 상황에서도 하나님을 놓지 않았다.

결국 요셉은 하나님께서 예비하신 대로 애굽의 총리가 되었고, 그의 꿈은 이루어졌다. 형들에게 배신당하고 노예로 팔려 가는 고난 속에서도 요셉은 하나님을 믿으며 자신에게 주어진 꿈을 포기하지 않았다. 하나님과 함께하는 꿈의 여정에서 그는 하나님의 위대한 계획을 완성해 나갔다. 이처럼 하나님과 함께하는 꿈의 여정은 우리로서는 이해할 수 없는 큰 그림을 그려 가며, 그 안에서 하나님의 놀라운 능력을 경험할 수 있는 특별한 기회를 제공한다.

🌷 마음 다지기

오늘 하루, 하나님과 동행하는 믿음의 길을 걸으며 그분의 인도하심을 전적으로 신뢰하자. 나 홀로 그 길을 걷는 것이 아니라, 언제나 나와 함께하시는 하나님의 손길이 나를 붙드시고 이끄신다는 사실을 잊지 말자. 매 순간의 고난과 도전에도 하나님의 뜻을 구하고 응답을 기다리는 겸손한 마음을 갖자. 나의 꿈을 이루는 여정에 하나님의 계획이 있음을 믿을 때, 어떤 상황에서도 흔들리지 않고 앞으로 나아갈 수 있다. 오늘도 하나님의 사랑과 신실하신 인도하심을 기억하며, 나의 걸음이 그분의 뜻 안에서 이루어지고 있음을 믿자.

● 오늘 나의 실천

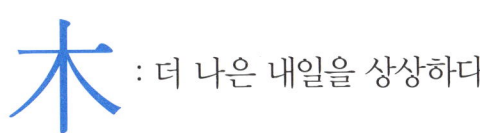 : 더 나은 내일을 상상하다

"희망은 우리가 가진 꿈을 현실로 만들어 주는 동력이다."
- 빈센트 반 고흐

우리가 꿈꾸는 미래의 희망은 단순한 기대나 환상이 아니다. 그것은 우리 내면 깊은 곳에서 우러나오는 열망이자, 오늘을 살아가는 이유이며, 내일을 향해 나아가게 하는 강력한 힘이다. 미래의 희망은 삶에 방향을 제시하고, 목표를 향한 동기를 부여하는 중요한 기초가 된다. 우리가 품는 꿈과 바람은 단지 마음속 소망에서 그칠 것이 아니라, 그 소망을 실현하기 위한 구체적인 계획과 행동으로 이어져야 한다.

承_전개

희망을 가지고 살아간다는 것은 단순히 무언가를 기다리는 것이 아니다. 그것은 스스로의 삶을 더 나은 방향으로 이끌기 위해 적극적으로 노력하고 준비하는 자세를 의미한다. 미래를 향한 꿈은 때로 도전과 시련을 동반하지만, 희망은 그 속에서도 우리에게 어려움을 이겨 낼 힘을 준다. 우리는 미래의 희망을 믿고 그 희망을 향해 나아가는 과정에서 더 성장하고 성숙해지며, 결국 삶의 참된 의미를 발견하게 된다.

희망은 어두운 순간에 빛을 비추는 등불과 같다. 때로는 어둠 속에서 길을 밝혀 주는 한 줄기 빛이 되고, 때로는 거센 폭풍 속에서 우리를 붙잡아 주는 닻이 된다. 우리가 역경을 겪는 순간에도 희망을 잃지 않고 그 희망을 향해 나아간다면, 결국 밝은 내일이라는 결실을 마주할 수 있다.

오프라 윈프리는 그 희망의 힘을 보여주는 대표적인 인물이다. 그녀는 어린 시절 가난과 학대, 가정폭력이라는 어려운 환경에서 자랐지만, 결코 미래에 대한 꿈과 희망을 놓지 않았다. 오프라는 그러한 역경을 딛고 일어나 미국의 대표적인 방송인이 되었고, 수많은 사람에게 인생의 멘토가 되었다. 그녀의 삶에서 가장 중요한 것은 꿈꾸는 미래를 향한 강한 믿음과 그것을 이루기 위한 끊임없는 노력이었다. 그녀는 자신의 꿈이 이루어지기까지 수많은 장벽을 예상했지만, 그 어떤 순간에도 희망을 포기하지 않았다. 결국 그녀는 전 세계적으로 영향력 있는 인물이 되었고, 현재까지도 수많은 사람에게 희망의 메시지를 전하며 살고 있다. 오프라 윈프리의 삶은 미래의 희망을 향해 나아가는 용기와 인내의 상징이 되었다.

비틀즈 또한 미래에 대한 희망을 끝까지 붙들고 노력한 끝에 세계적인 대중음악 그룹으로 성장했다. 그들은 초기 활동 당시 여러 번 오디션에서 탈락했고, 사람들은 그들이 성공할 수 없을 것이라고 생각했다. 그럼에도 비틀즈는 자신들의 꿈을 향한 믿음을 놓지 않았고, 끊임없이 연습하며 열정을 불태웠다. 그들의 꿈은 단순히 음악을 잘하는 것이 아니라, 음악을 통해 세상에 자신들만의 메시지를 전하고자 하는 열망에서 비롯되었다. 처음에는 아무도 그들의 미래를 예측하지 못했지만, 꾸준한 노력과 끈질긴 열정으로 그들은 마침내 세계적인 성공을 이루었다. 비틀즈의 성공은 미래의 희망을 가슴에 품고 그것을 현실로 만들기 위한 노력의 결과이며, 그들의 음악은 여전히 많은 사람에게 희망과 용기를 전해 주고 있다.

🌷 마음 다지기

오늘 하루, 하나님께서 주신 꿈과 소망을 다시 마음에 새기자. 인생의 여정에는 수많은 고난과 시련이 있기에 믿음 안에서 희망을 품고 꿈을 붙드는 것이 중요하다. 내가 바라는 미래는 하나님의 은혜로 매일의 작은 순종과 성실한 걸음을 통해 이루어질 것이다. 오늘도 주님을 의지하며 그 꿈을 향해 믿음의 한 걸음을 내딛자. 주님 안에서 소망은 결코 헛되지 않다.

● 오늘 나의 실천

....

....

承_전개

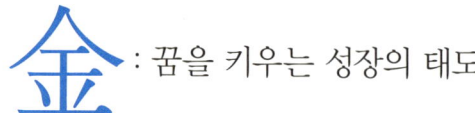 : 꿈을 키우는 성장의 태도

"리더는 다른 사람들의 꿈을 실현시키기 위해 존재한다."

- 조지 패튼

리더십의 본질은 단지 사람을 이끄는 데만 있지 않다. 진정한 리더십은 사람들에게 꿈을 심어 주고, 그 꿈을 현실로 만들어 가는 과정에서 함께 성장하도록 돕는 것이다. 꿈을 심고 성장시키는 리더십은 구성원들이 단순히 목표를 달성하는 것을 넘어, 그 과정에서 자신의 가능성과 잠재력을 최대한 발휘할 수 있도록 하는 강력한 힘을 가지고 있다.

리더가 구성원들에게 꿈을 심어 준다는 것은 단순히 비전을 제시하는 차원만이 아니다. 그것은 각자가 자신의 꿈을 발견하고, 그 꿈을 향해 나아갈 수 있도록 힘과 용기를 북돋아 주는 것이다. 이 과정에서 가장 중요한 것은, 구성원들이 자신의 꿈을 믿고 나아갈 수 있도록 용기와 자신감을 심어 주는 일이다. 리더는 한 사람 한 사람의 가치를 인정하고, 그들이 스스로의 미래를 향해 나아갈 수 있도록 방향을 제시해 주어야 한다.

넬슨 만델라는 남아프리카공화국의 인종 차별에 맞서 싸우며, 사람들에게 희망과 꿈을 심어 준 위대한 리더였다. 그는 단순히 인종 차별을 종식시키고 정의를 세우는 데서 그치지 않고, 모든 이가 각자의 꿈을 갖고 그것을 실현할 수 있는 사회를 만들기 위해 헌신했다. 만델라는 수십 년간 감옥에 갇히는 고난을 겪었지만, 결코 자신의 꿈과 비전을 포기하지 않았다. 그의 꿈은 개인적인 바람이 아니라, 남아프리카 전체 국민이 자유롭고 평등한 삶을 누리는 것이었다. 그는 자신이 이끄는 사람들과 꿈을 나누고, 그들에게 함께 나아갈 수 있는 희망을 제시했다. 그의 리더십은 정치적인 성과를 넘어 모두가 공평하게 꿈을 가질 수 있는 세상을 만들고자 했던 점에서 진정한 의미가 있다. 그는 자신의 신념을 삶으로 증명하며, 수많은 사람에게 꿈을 향한 용기와 믿음을 심어 주었다.

스티브 잡스는 애플의 창립자이자 혁신적인 리더로 잘 알려져 있다. 그는 단순히 제품을 만들어 낸 것이 아니라, 사람들이 자신의 가능성을 믿고 기존의 한계를 뛰어넘는 꿈을 꾸게 만든 리더였다. 그의 비전은 애플을 세계에서 가장 창의적이고 혁신적인 기업으로 성장시키는 것이었으며, 이를 위해 그는 자신의 꿈을 팀원들과 나누고, 그들이 그 꿈을 향해 도전하며 나아가도록 했다. 잡스는 명확한 비전을 바탕으로 조직을 이끌었으며, 그 비전은 직원들이 자신의 역할에 자부심을 느끼고, 더 나은 세상을 만들어 가는 일에 동참하게 하는 원동력이 되었다. 그는 기술을 통해 사람들의 삶을 변화시키고자 했으며, '세상에 없는 것을 창조하라'는 단순하지만 강력한 메시지로 구성원들에게 꿈을 심어 주었다. 그의 리더십은 구성원들이 각자의 영역에서 창의성을 발휘하도록 이끌었고, 결국 혁신을 현실로 만든 원천이 되었다.

이처럼 진정한 리더십은 구성원들에게 꿈을 제시하고, 그것을 이루어 가는 여정에서 함께 성장하는 것이다. 리더는 단지 앞장서서 이끄는 사람이 아니라, 다른 사람들의 가능성을 발견하고 그 가능성을 실현할 수 있도록 돕는 사람이다. 꿈을 심어 주는 리더십은 결국 개인과 공동체 모두를 성장시키는 원동력이 된다.

🌱 마음 다지기

오늘 하루, 하나님께서 세우신 리더로서 꿈을 심는 일이 단순한 계획이 아니라, 믿음 안에서 그 꿈이 자라날 수 있는 영적 환경을 가꾸는 사명임을 마음에 새기자. 먼저 하나님이 주신 비전에 확신을 갖고, 그것을 주변 사람들과 기쁘게 나누자. 또한 그들이 하나님 안에서 자라날 수 있도록 끊임없는 관심과 사랑으로 격려하며 섬기자. 하나님께서 시작하신 꿈은 하나님께서 반드시 열매도 맺게 하실 것이다.

● 오늘 나의 실천

_____

_____

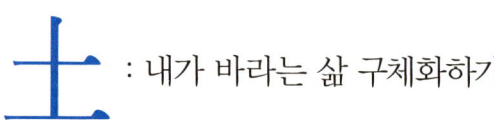

"성공적인 사람은 큰 꿈을 꾸고 그 꿈을 이루기 위한 작은 계획을 세운다."

- 알베르트 아인슈타인

꿈은 우리를 앞으로 나아가게 하는 강력한 원동력이다. 그러나 꿈은 단지 머릿속에 떠올리는 것만으로는 실현되지 않는다. 꿈을 이루기 위해서는 그것을 현실로 만들 수 있는 구체적인 계획이 필요하다. 이를 마음의 설계라고 한다. 마음의 설계는 꿈을 실현하기 위한 전략과 로드맵을 의미한다. 무작정 앞만 보고 달리는 것보다는 단계적이고 체계적인 접근이 중요하다. 그 과정에서 핵심이 되는 것은 자기 자신을 믿는 마음과 꾸준한 노력이다.

첫 번째 단계는 꿈을 명확하게 정의하는 것이다. 내가 이루고자 하는 꿈이 무엇인지, 그리고 왜 그 꿈을 이루고 싶은지를 깊이 고민하고 성찰하는 과정이 필요하다. 이 과정은 막연한 바람을 구체적인 목표로 전환하는 시작점이 된다.

두 번째 단계는 목표를 설정하는 것이다. 목표는 구체적이고 실현 가능한 방식으로 세워야 하며, 큰 목표를 이루기 위해서는 작은 목표부터 하나씩 달성해 가는 것이 중요하다. 너무 거대한 목표는 오히려 부담이 될 수도 있지만, 작은 성취들을 쌓아 가는 과정은 자신감을 높이고 동기를 부여하는 원동력이 된다.

세 번째 단계는 실천 가능한 계획을 세우는 것이다. 이는 꿈을 향한 로드맵을 구체화하는 작업으로, 각 단계를 명확히 나누고 실현 가능성을 고려해야 한다. 물론 계획대로 모든 것이 흘러가지는 않는다. 예상치 못한 장애물이나 실패를 마주할 수 있지만, 그러한 상황에서도 유연하게 대처할 수 있는 준비된 마음가짐이 필요하다.

마지막으로 가장 중요한 단계는 믿음을 갖는 것이다. 자신이 세운 계획을 믿고 꿈을 향해 끊임없이 나아가는 태도가 성공의 핵심이다. 한 걸음 한 걸음 성실하게 나아갈 때, 우리는 비로소 그 꿈이 점점 현실로 다가오는 것을 느낄 수 있다.

마크 저커버그의 이야기는 이러한 마음의 설계가 실제로 어떻게 적용될 수 있는지를 보여준다. 그는 하버드대학교에서 컴퓨터를 전공하던 학생 시절, 사람들을 연결할 수 있는 새로운 형태의 소셜 네트워크를 구상하며 '페이스북'(Facebook)이라는 플랫폼을 만들기 시작했다. 그러나 그의 꿈을 실현하는 길은 결코 순탄하지 않았다. 초기 그의 아이디어는 사람들의 큰 관심을 끌지 못했고, 자금 부족과 강력한 경쟁자들로 인해 많은 도전과 장애물에 부딪혔다.

그럼에도 마크 저커버그는 자신이 세운 꿈과 계획을 믿고 흔들림 없이 전진했다. 그는 페이스북을 더 많은 사람에게 알리기 위한 기술을 개발하고, 글로벌 시장으로의 확장을 고민하며 실행에 옮겼다. 그 과정에서 실패와 좌절을 경험했지만, 그는 주저앉지 않고 오히려 더 치밀한 전략과 실행으로 극복해 나갔다. 결국 그는 자신의 꿈을 실현해 페이스북을 세계 최대의 소셜 네트워크 플랫폼으로 성장시켰다.

이처럼 꿈을 이루는 데서 마음의 설계는 단순한 계획 수립을 넘어, 자신을 믿고 꾸준히 나아가는 힘을 바탕으로 한 구체적인 여정이다. 꿈은 행동과 믿음이 함께할 때 비로소 현실이 된다.

🌷 마음 다지기

오늘 하루, 하나님께서 내 마음에 심어 주신 꿈을 이루기 위해 믿음 안에서 다시 한번 마음의 설계를 점검하자. 비전은 분명한 방향에서 시작되며, 그 길을 따라 순종하며 준비하는 것이 첫걸음이다. 하나님께서 주신 자원과 능력을 살펴보고, 그것을 청지기로서 충실히 사용할 때 믿음과 인내가 자란다. 때로는 어려움이 있지만, 그 모든 과정에 하나님의 뜻이 있음을 믿으며, 오늘도 주님의 인도하심을 따라 한 걸음 더 나아가자.

● **오늘 나의 실천**

5단계 Word

말의 힘으로 관계를 바꾸다

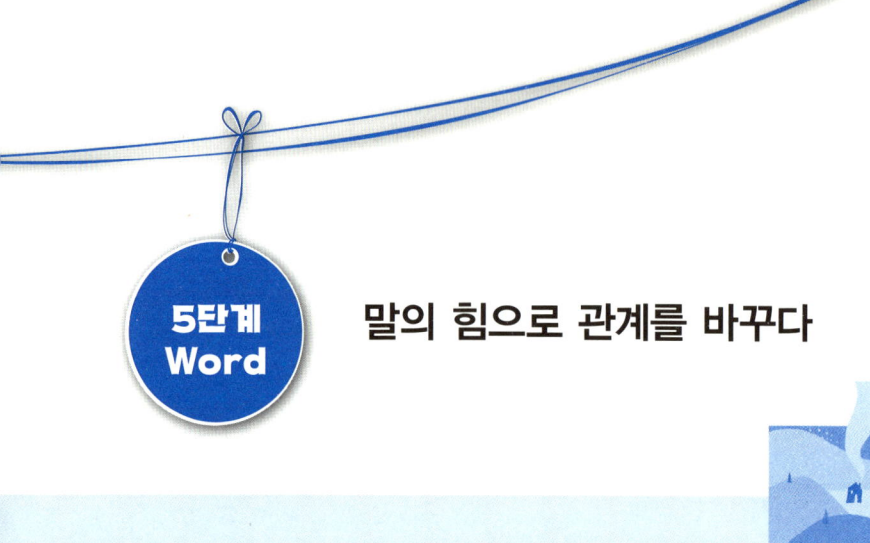

말은 사람과 사람 사이를 이어 주는 소중한 다리다. 특히 힘들고 지친 이에게 전하는 따뜻한 말 한마디는 큰 위로가 된다. 예를 들어, "괜찮아, 너는 할 수 있어"라는 말은 상대방의 마음에 용기와 자신감을 심어 준다. 긍정적인 언어는 단순한 말 이상의 힘을 가지고 있으며, 관계를 회복시키고 깊어지게 만든다. 따뜻한 말 한마디 한마디가 모여 서로를 이해하고 격려하는 문화를 만들며, 세상을 조금씩 바꿔 간다. 결국 말은 우리 삶과 관계를 더욱 건강하고 풍요롭게 만드는 시작점이다.

月 : 긍정의 언어로 운명을 창조하라

"긍정의 언어는 실패를 성공으로 바꾸는 마법의 열쇠다."

- 데일 카네기

우리가 사용하는 언어는 단순한 의사소통을 넘어, 우리의 사고방식과 감정, 나아가 삶의 방향과 운명에까지 영향을 미친다. 긍정의 언어는 우리가 직면한 현실을 변화시키고, 원하는 삶을 창조하는 데 핵심적인 역할을 한다. 어떤 언어를 사용하느냐에 따라 삶의 질이 달라지고, 그로 인해 우리가 만나는 기회와 사람들 또한 달라질 수 있다.

긍정의 언어는 삶을 더욱 밝고 의미 있게 만드는 원동력이다. 어려운 상황에 부딪혔을 때 우리는 종종 불평하거나 자신을 비하하는 말을 하곤 한다. "난 안 될 거야", "이건 너무 어려워" 같은 부정적인 언어는 우리를 더 깊은 절망으로 이끈다. 그러나 "이 어려움에서도 배울 점이 있을 거야", "난 충분히 할 수 있어" 같은 긍정적인 언어는 우리의 마음을 위로하고, 다시 일어설 수 있는 힘을 준다.

긍정의 언어는 목표를 향해 나아감에서 힘찬 출발점이 된다. 아무리 어려운 상황일지라도 "이건 내가 반드시 경험해야 할 중요한 일이야", "이 일을 극복하면 나는 더 강해질 거야"라고 되뇌는 것은 우리 스스로에게 긍정적인 메시지를 전달하는 중요한 행동이다. 이러한 언어는 자신에 대한 믿음을 심어 주고, 앞으로 나아갈 용기와 동기를 스스로에게 부여한다.

또한 긍정적인 언어는 우리 주변 사람들에게도 큰 영향을 미친다. 말은 단지 우리 내면의 태도를 바꾸는 것에서 그치지 않고, 타인에게도 희망과 용기를 주는 강력한 힘이 있다. 우리가 주변 사람들에게 따뜻한 격려와 희망의 말을 건네면 그들의 삶도 변화될 수 있다. 그렇게 시작된 변화들이 모여 결국 더 밝고 긍정적인 세상을 만들어 가는 것이다.

한 여성의 이야기가 이를 잘 보여준다. 그녀는 경제적인 어려움과 직장에서의 좌절로 인해 심한 우울증에 시달리고 있었다. 매일같이 '나는 실패자야', '앞으로 나아질 일은 없을 거야' 등의 부정적인 생각에 사로잡혀 하루하루를 겨우 버티고 있었다. 그런 그녀의 인생을 바꾼 건, 한 선생님의 따뜻한 말이었다. 그 선생님은 매일 그녀에게 "너는 할 수 있어. 지금은 힘들겠지만, 그 뒤에는 반드시 좋은 일이 있을 거야"라고 말해 주었다.

처음에 그녀는 그 말을 믿지 못했다. 하지만 시간이 지나면서 그 말이 마음속 깊이 새겨졌고, 그녀는 매일 거울 앞에서 "나는 할 수 있다"라고 말하기 시작했다. 그 작은 변화가 그녀의 삶 전체를 바꾸는 계기가 되었다. 얼마 지나지 않아 그녀는 자신의 가능성을 믿고 적극적으로 구직 활동을 시작했고, 결국 자신이 꿈꾸던 직장에서 일하게 되었다.

이 이야기는 긍정의 언어가 사람의 마음을 치유하고, 새로운 삶의 기회를 열 수 있다는 사실을 잘 보여준다. 비록 출발은 작고 미약했지만 반복된 긍정의 언어가 그녀에게 희망을 불어넣었고, 결국 그녀는 자신의 꿈을 현실로 만들어 냈다.

🌷 마음 다지기

오늘 하루, 내 입술의 말을 점검하며 하나님 앞에서 바른 언어를 사용하기로 결단하자. 성경은 생명과 죽음이 혀의 권세에 달려 있다고 말씀한다. 부정적인 말은 내 마음뿐 아니라 공동체에도 어두움을 드리우지만, 믿음의 말과 긍정의 언어는 나와 주변에 생명을 불어넣는다. 오늘도 하나님께서 기뻐하시는 축복과 격려의 말을 통해 하나님의 뜻을 이루어 가자. 내 입술이 주님의 도구가 되어 소망을 전하는 하루가 되기를 소망한다.

● 오늘 나의 실천

_____

_____

 : 타인의 장점을 진심으로 인정하기

"타인의 장점을 높이 평가하는 것, 그것이 진정한 리더십의 핵심이다."

- 마하트마 간디

타인의 뛰어난 점을 인식하고 높이 평가하는 태도는 개인의 성장뿐 아니라 공동체의 발전을 이끄는 중요한 요소다. 타인의 장점과 능력을 인정하고 칭찬하는 일은 그 사람에게 긍정적인 영향을 주며, 자신에게도 좋은 결과를 가져다준다. 타인을 칭찬하는 것은 단지 상대방을 기분 좋게 하는 차원을 넘어 우리 자신의 마음을 넉넉하게 만들고, 인간관계를 더욱 돈독하게 해준다.

그러나 우리는 종종 타인의 단점에 먼저 시선이 향한다. 이는 비교와 경쟁의식으로 이어져 우리 마음을 편협하게 만들고, 때로는 갈등을 유발하기도 한다. 반면 타인의 뛰어난 점을 인식하고 진심으로 높이 평가하는 자세는 우리가 상대를 진정으로 존중하게 만들며, 서로 간에 긍정적인 에너지를 나누게 한다.

타인의 장점을 인정한다는 것은 단순히 외적인 성과나 눈에 보이는 결과에만 국한되지 않는다. 그 사람의 성격, 가치관, 태도, 그리고 그가 지닌 고유한 특성과 행동까지도 깊이 이해하고 존중하는 것이 중요하다. 예를 들어, 어떤 사람이 힘든 상황에서도 웃음을 잃지 않고 긍정적인 태도를 유지한다면 그것은 칭찬받아 마땅한 중요한 자질이다. 이러한 점들을 진심으로 인정하고 격려할 때 그 사람은 자신감을 얻고 더 나은 사람으로 성장할 수 있다.

다음 한 교장의 이야기는 타인의 장점을 인정하고 칭찬하는 태도가 얼마나 큰 변화를 일으킬 수 있는지를 잘 보여준다. 어느 작은 마을의 한 학교는 학생들의 학업 성취도가 낮고 교사들 간의 협력이 부족해 오랫동안 침체된 분위기가 이어지고 있었다. 이 학교에 새로 부임한 교장은 교사와 학생들 간의 신뢰 회복을 최우선 과제로 삼았다.

그는 먼저 교사들에게 감사의 말을 자주 전하며, 그들의 작은 노력 하나하나를 소중히 여겼다. 예를 들어, 한 교사가 수업 중 학생들이 이해하기 쉬운 방식으로 설명한 것을 칭찬했다. 또 다른 교사가 형편이 어려운 학생들을 위해 자발적으로 보충 수업을 했을 때, 교장은 그 교사의 배려와 헌신을 높이 평가하며 전 교사와 이 사실을 공유했다.

학생들에게도 그는 아낌없는 칭찬을 보냈다. "너희가 지난주에 보여준 성실한 모습은 정말 대단했어. 그 노력은 반드시 좋은 결과로 이어질 거야." 이런 말에 학생들은 자신감을 얻었고, 더욱 적극적인 자세로 학업에 임하게 되었다.

교장의 이러한 긍정적인 피드백과 격려는 학교 분위기를 서서히 바꾸었고, 교사와 학생들은 각자의 자리에서 더 나은 모습을 보이기 시작했다. 몇 달 후 학생들은 눈에 띄게 성적이 향상되었으며, 교사들 간의 협력도 원활해졌다.

마을 사람들은 학교 분위기가 크게 달라진 것을 느끼며 그 비결을 궁금해했다. 이에 교장은 다음과 같이 말했다. "타인의 뛰어난 점을 인정하고 칭찬하는 것이 진정한 변화를 만드는 힘이라고 믿습니다. 그들의 노력과 열정을 알아보고 격려하는 일이야말로 가장 중요한 일입니다."

이 사례는 타인의 장점을 진심으로 인정하고 칭찬하는 태도가 개인과 공동체를 변화시키는 큰 원동력이 될 수 있음을 잘 보여준다.

🌷 마음 다지기

오늘 하루, 하나님께서 창조하신 이웃의 아름다움을 발견하고, 그 장점을 진심으로 칭찬하는 데 마음을 모아 보자. 각 사람은 하나님의 형상대로 지음 받은 독특한 존재며, 그 안에는 각각 하나님께서 주신 은사와 매력이 있다. 무심코 지나쳤던 작은 모습에서도 하나님의 선하신 손길을 보며, 그들의 강점을 인정하고 격려하자. 비교보다는 감사와 존중의 시선을 가질 때 나의 마음도 하나님 앞에서 더욱 겸손하고 풍성해질 것이다. 칭찬과 격려의 말이 서로를 세우는 축복의 통로가 되기를 소망하자.

● 오늘 나의 실천

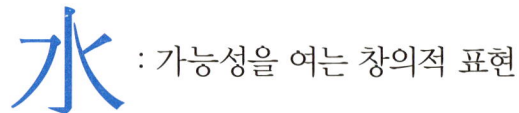

: 가능성을 여는 창의적 표현

"긍정적인 언어는 사람들이 자신의 한계를 넘어서게 만든다."

- 마하트마 간디

인간은 언어를 통해 세상을 이해하고, 타인과의 관계를 형성한다. 우리의 언어는 단순한 의사소통을 넘어, 생각과 감정을 표현하고, 나아가 현실을 창조하는 중요한 역할을 한다. 혁신적인 언어를 사용한다는 것은, 기존의 틀에 갇히지 않고 새로운 가능성을 탐색하며 미래를 창조할 수 있는 힘을 지닌 언어를 활용하는 것을 의미한다.

혁신적인 언어란 기존의 제약과 한계를 뛰어넘는 긍정적이고 창의적인 사고의 언어다. 우리는 종종 현실의 어려움에 갇혀 불가능을 단정하거나, 과거의 경험에 얽매인 표현을 사용하곤 한다. 그러나 혁신적인 언어는 우리의 사고를 확장시켜 주고, 새로운 해결책을 발견하게 하며, 더 많은 가능성으로 나아갈 수 있도록 안내한다. 언어는 단순한 표현 도구가 아니라, 우리의 가능성과 한계를 정하는 강력한 도구가 되는 것이다.

혁신적인 언어를 사용하는 사람은 기회가 보이지 않는 상황에서도 기회를 발견하고, 문제를 새로운 가능성으로 바꾼다. 이러한 언어는 자신은 물론 주변 사람들에게도 긍정적인 영향을 미치며, 새로운 시도와 도전을 가능하게 만든다. '할 수 있다', '이것은 기회다', '이 문제는 해결할 수 있다' 같은 표현은 그 자체로 가능성을 여는 문이며, 미래를 변화시키는 출발점이다. 또한 혁신적인 언어는 실패를 두려워하지 않고, 오히려 실패를 성장의 발판으로 삼는 태도를 내포하고 있다.

스티브 잡스는 애플을 창립할 때부터 기존의 기술적 한계를 뛰어넘으며 혁신적인 언어로 미래를 설계해 나갔다. 초기에는 그의 비전이 무모하게 보였고, 많은 사람이 그가 만들려는 개인용 컴퓨터 'Apple I'의 성공 가능성을 의심했다. 당시에는 '불가능', '기술적 한계', '비용 문제' 같은 부정적인 언어가 지배적이었다. 그러나 스티브 잡스는 "우리는 사람들의 일상생활을 바꿀 수 있다", "세상을 더 나은 곳으로 만들 수 있다"라는 긍정적 언어로 미래를 바라보았다.

그의 언어는 단순한 슬로건이 아니라, 변화에 대한 구체적이고 강력한 신념의 표현이었다. 그는 그 언어를 바탕으로 혁신을 실현해 나갔고, 결국 애플은 차세대 기술을 선보이며 전 세계에 커다란 변화를 이끌어 낸 기업이 되었다. 그는 "창의적인 사람들은 늘 불가능하다는 말을 듣는다. 그러나 그 창의적인 말 자체가 도전할 가치가 있는지 아닌지를 판단하는 기준이 되어야 한다"라고 말하며, 늘 혁신적인 언어를 가슴에 품고 행동으로 옮겼다.

이처럼 혁신적인 언어는 단순한 말이 아니라, 생각을 바꾸고 삶을 바꾸며 세상을 변화시키는 힘이다.

🌷 마음 다지기

오늘 하루, 하나님 안에서 믿음의 언어, 변화의 언어를 사용하겠다고 결단해 보자. 과거의 익숙한 틀에서 벗어나 하나님의 가능성과 약속을 믿고 선포하는 언어로 자신과 세상을 바라보자. 말은 단순한 표현을 넘어 삶을 움직이는 능력이다. 하나님께서도 말씀으로 세상을 창조하셨다. 내가 오늘 사용하는 말이 믿음의 씨앗이 되어 내일의 삶을 새롭게 만든다. 하나님의 뜻에 합한 언어로 나 자신을 격려하고, 다른 이들을 세우며, 주 안에서 새로운 길을 열어 가자.

● 오늘 나의 실천

....

....

木 : 따뜻한 말로 마음 움직이기

"사랑은 말로 표현할 수 없는 감정을 전달하는 최고의 언어다."

- 레오나르도 다 빈치

　사랑은 단순한 감정이나 마음을 넘어, 사람들 사이에 깊은 연결을 만들어 내는 강력한 힘이다. 사랑의 언어는 단지 말의 전달뿐 아니라 다른 이의 영혼에 깊은 울림을 주는 특별한 영향력을 지닌다. 우리가 사용하는 언어는 그 자체로 사람들의 마음에 깊은 흔적을 남기며, 그 말들이 전해지는 순간 상처받은 마음을 치유하거나 기쁨을 더하는 놀라운 힘을 발휘할 수 있다. 사랑의 언어는 마음을 깊이 나누고, 서로에게 더 가까이 다가가게 하는 중요한 다리 역할을 한다.

　또 사랑의 언어는 단지 친절하거나 달콤한 말만을 의미하지 않는다. 그것은 진정성과 이해, 배려를 바탕으로 한 깊은 교감을 의미한다. 사람마다 사랑을 느끼는 방식은 다르지만, 공통적으로 사랑의 언어는 존중, 감사, 인정, 따뜻함을 담고 있다. 이러한 사랑의 언어로 서로 소통할 때 우리는 서로를 더 깊이 이해하게 되고, 그 이해를 통해 더욱 견고한 유대감을 형성할 수 있다.

　사랑의 언어는 타인의 마음을 기쁘게 할 뿐 아니라 치유의 힘도 지니고 있다. 누군가 어려움에 처해 있을 때 건네는 따뜻한 격려의 말 한마디는 그 사람의 지친 마음을 어루만질 수 있으며, 인생의 중요한 순간에 전해지는 진심 어린 응원의 말은 그 사람의 앞길을 밝혀 주는 등불이 될 수 있다. 사랑의 언어는 듣는 사람에게 무한한 용기와 희망을 주는 강력한 매개체가 되는 것이다.

다음 한 남자의 이야기가 이를 잘 보여준다. 그는 늘 바빠 아버지와 깊은 교감을 나누지 못했다. 늘 "어디 가세요?", "뭐 하세요?" 같은 짧은 인사만 주고받았고, 진지한 대화를 나눌 기회도 마음을 전할 용기도 갖지 못했다. 하지만 세월이 흘러 자신이 아버지의 나이에 이르렀을 때, 그는 비로소 아버지가 자신을 얼마나 깊이 사랑했는지를 깨닫게 되었다. 그리고 그동안 한 번도 그 사랑에 제대로 감사하지 못했다는 사실에 깊이 후회했다.

그는 어느 날 아버지에게 편지를 쓰기로 결심했다. 그리고 그 편지에 그동안 표현하지 못했던 아버지에 대한 감사와 사랑의 마음을 진솔하게 담았다. "아버지, 늘 부족한 아들이었지만, 아버지 덕분에 오늘의 제가 있습니다. 아버지의 사랑이 있었기에 지금까지 살아올 수 있었고, 그 사랑을 이제야 제대로 이해하게 되었습니다. 항상 저를 위해 애써 주신 아버지께 진심으로 감사드립니다." 편지를 쓴 그는 자신의 진심을 전할 수 있다는 사실에 마음이 한결 가벼워졌.

수개월 후, 아버지가 돌아가셨다는 소식을 들었을 때 그는 눈물을 흘렸다. 그러나 그가 아버지에게 사랑의 언어를 담아 마음을 전한 그 순간은 그의 인생에서 가장 소중한 기억으로 남았다. 아버지가 세상을 떠난 후에도, 그 편지 속에 담은 사랑은 그의 마음속에 여전히 살아 있었고, 그는 비로소 진심을 표현하는 일이 얼마나 중요한지 깨달았다.

이처럼 사랑의 언어는 마음을 치유하고, 관계를 회복시키며, 때로는 삶의 의미를 되새기게 해준다.

🌷 마음 다지기

오늘 하루, 하나님께서 우리에게 보여주신 사랑을 어떻게 말로 전할 수 있을지 깊이 묵상해 보자. 사랑이 담긴 말 한마디는 단순한 소통을 넘어, 상한 마음을 치유하고 영혼에 위로를 전하는 은혜의 통로가 된다. 예수님께서 친히 말씀과 행동으로 사랑을 전하셨듯, 우리도 작은 친절과 따뜻한 말로 하나님의 사랑을 흘려보내자. 나 역시 누군가의 믿음의 말에 위로받고 새 힘을 얻었던 것을 기억하며, 오늘도 주님의 사랑을 담은 언어로 세상을 밝히는 도구가 되자.

● 오늘 나의 실천

 : 희망을 전하는 언어 습관 만들기

"희망은 내일을 만드는 언어다. 오늘의 고백이 내일을 창조한다."
                                                    - 비비안 그린

말에는 놀라운 힘이 있다. 우리가 입으로 내뱉는 한마디의 말은 한 사람의 삶을 바꾸기도 하고, 마음속 깊이 숨어 있던 희망과 꿈을 끌어내는 데 중요한 역할을 하기도 한다. 특히 희망의 언어는 어두운 길을 밝히는 등불과 같아서, 우리가 그것을 믿고 고백할 때 우리 앞에 펼쳐질 미래의 길이 점차 선명하게 드러난다.

'희망의 입술로 미래를 고백하라'는 말은 단지 긍정적인 말을 덧붙이라는 뜻이 아니다. 그것은 우리가 어떤 삶을 바라는지, 어떤 꿈을 품고 있는지를 분명히 하고, 그것을 세상과 나누는 행위다. 이는 단순한 바람이 아닌, 이루고자 하는 것에 대한 명확한 의도를 가지고 그것을 자신 있게 선포하는 과정이다. 희망의 언어는 우리 내면을 단단하게 만들고, 그 길을 향해 나아갈 수 있는 용기와 동기를 제공한다.

우리가 말하는 것은 뇌와 마음을 움직이는 강력한 힘을 지니고 있다. 말하는 순간 우리의 의식은 점차 그 말에 영향을 받고, 결국 현실을 바꾸는 방향으로 나아가게 된다. 희망을 말하는 것, 그것은 변화의 씨앗을 뿌리는 일이다. 우리가 매일 어떤 말을 하느냐에 따라 그 씨앗이 싹트고 자라나는 방식 또한 달라진다.

어느 작은 마을에 한 소년이 있었다. 그는 가난한 가정에서 태어나 어려운 환경에서 자라났다. 하루 세 끼를 제대로 먹기 어려웠으며, 마을 사람들은 그에게 "너는 절대로 성공할 수 없어"라는 말을 자주 했다. 어릴 때부터 반복적으로 들어 온 부정적인 말들은 그의 마음속에 깊은 상처로 남았고, 그는 어느새 "나는 못할 거야", "나는 그렇게 될 수 없어"라는 말을 스스로에게 되뇌고 있었다.

그러던 어느 날, 그는 더는 그렇게 살 수 없다고 느꼈다. 그날 이

후 그는 마음을 다잡고 "나는 할 수 있다. 나는 이 어려움을 반드시 극복할 수 있다"라는 말을 스스로에게 반복하기 시작했다. 처음에는 그 말이 현실과 동떨어진 공허한 외침처럼 느껴졌지만, 그는 포기하지 않고 매일 아침 그 말을 되새기며 자신의 삶을 다시 설계해 나갔다. 그렇게 희망을 입술로 고백하며 그는 사고방식과 행동을 조금씩 바꾸기 시작했다.

몇 년 후 그는 작은 사업을 시작했고, 그 사업은 점차 성장하여 큰 성과를 거두었다. 그의 성공은 단순히 능력이나 노력만의 결과가 아니었다. 무엇보다 중요한 것은, 그가 절망에서도 희망의 언어를 선택하고, 그 희망의 고백을 행동으로 실현하기 위해 끊임없이 자신을 믿고 나아갔다는 점이다. 그가 희망의 입술로 미래를 고백했을 때 세상도 그 고백을 믿었고, 마침내 그에게 새로운 기회를 허락했다.

이처럼 말에는 인생을 바꾸는 힘이 있다. 그 말이 희망의 언어일 때 그것은 삶을 밝히는 등불이 되고, 우리가 가야 할 길을 열어 주는 문이 된다.

🌷 마음 다지기

오늘 하루, 희망의 입술에 대해 하나님 앞에서 깊이 묵상해 보자. 우리는 삶에 어려움이 닥칠 때 쉽게 낙심하고 미래를 부정적으로 바라보지만, 진정한 희망은 하나님께서 주신 비전을 붙드는 데서 나온다. 희망의 입술로 고백하는 말들은 단순한 긍정이 아니라, 주님의 약속과 계획을 신뢰하는 믿음의 표현이다. 오늘 내 입술로 하나님이 예비하신 희망을 선포하며, 어떤 어려움에도 그분의 인도하심과 함께 나아가자.

● 오늘 나의 실천

_____

_____

 : 말에서 시작되는 세상의 작은 변화

"세상을 바꾸는 것은 힘이 아니라 말이다."

- 마틴 루터 킹 Jr.

말은 단순한 의사소통의 도구를 넘어선다. 우리의 언어는 사람의 마음을 움직이고, 사회 전반에 커다란 영향을 미칠 수 있는 힘을 지니고 있다. 우리는 말을 통해 다른 사람에게 위로와 희망을 전할 수 있으며, 때로는 그 말 한마디가 누군가의 삶을 근본적으로 변화시키는 계기가 되기도 한다. 이러한 말의 중요성은 고대부터 현대에 이르기까지 수많은 사람이 강조해 온 부분이다.

하나님의 말씀 또한 세상을 변화시키는 능력이 있다. 성경에서는 말씀을 빛에 비유하며, 어둠을 밝혀 주는 역할을 한다고 말한다. 이처럼 우리가 사용하는 말도 다른 사람에게 빛이 될 수 있으며, 그들의 삶 속 어둠을 비추고 희망을 전하는 도구가 될 수 있다. 세상의 변화는 종종 우리가 사용하는 언어에서부터 시작된다. 긍정적인 말, 격려하는 말은 사람들에게 용기와 힘을 주고, 더 나은 삶을 향해 나아갈 수 있도록 이끈다.

　우리는 일상에서 수많은 말을 주고받지만, 그중 몇 마디는 다른 사람에게 깊은 영향을 미치기도 한다. 예를 들어, 어떤 사람이 우울한 상태에 빠져 있을 때 진심 어린 위로의 말 한마디는 그에게 큰 힘이 되고 상처받은 마음을 치유하는 계기가 될 수 있다. 이처럼 말의 힘은 우리가 상상하는 것보다 훨씬 크며, 그 힘을 통해 우리는 세상에 긍정적인 변화를 만들어 낼 수 있다.

　어느 날 한 청년이 길을 걷다가 우연히 한 노인을 만났다. 노인은 지친 얼굴을 하고 있었고, 삶의 무게에 짓눌린 듯 보였다. 청년은 노인에게 다가가 조심스럽게 말을 건넸다. "어려운 일이 많으셨겠지만, 오늘 하루도 살아 있다는 것만으로도 큰 의미가 있어요. 그 힘든 시간들을 견디며 여전히 살아가고 계시다는 건 정말 대단한 일입니다." 청년의 짧은 말 한마디는 그 노인의 마음에 깊은 울림을 주었고, 노인은 그 말을 통해 자신의 삶을 다시 바라보게 되었다. 그는 더는 자신의 고난에만 머무르지 않고, 인생을 긍정적인 시선으로 바라보며 새로운 희망을 품기 시작했다.

　이처럼 우리가 내뱉는 한마디의 말이 누군가의 삶에 얼마나 큰 영향을 줄 수 있는지를 우리는 종종 잊곤 한다. 그러나 진심 어린 말은 사람의 마음을 일으키고, 삶의 방향을 바꿀 수 있는 놀라운 힘이 있다. 말은 곧 변화의 씨앗이다. 그 씨앗을 어떻게 뿌리느냐에 따라 누군가의 인생에 꽃이 피어날 수 있다.

🌷 마음 다지기

오늘 하루, 말의 힘에 대해 하나님 앞에서 깊이 묵상해 보자. 성경은 우리가 내뱉는 말이 생명과 죽음을 좌우한다고 말씀한다(잠 18:21). 내가 하는 말 한마디가 누군가의 마음에 위로와 희망이 될 수도 있고, 상처가 될 수도 있음을 기억하자. 그러므로 오늘은 하나님의 사랑을 담아 긍정적이고 따뜻한 언어로 주변 사람들을 품으며, 나의 말이 세상에 빛과 소망을 전하는 도구가 되길 기도하자. 말씀이 내 삶과 말에 살아 움직여 사랑의 통로가 되도록 힘쓰자.

● **오늘 나의 실천**

....

....

6단계 Life
균형 잡힌 삶을 위한 지혜

균형 잡힌 삶은 단순한 선택이 아닌, 지혜로운 관리의 결과다. 몸과 마음, 일과 쉼, 관계와 자신 사이의 균형을 지키는 것이야말로 삶의 핵심이다. 건강한 습관을 꾸준히 실천하면, 그 작은 노력들이 결국 큰 행복으로 돌아온다. 몸을 돌보는 동시에 마음의 평온도 챙길 수 있을 때, 진정한 웰빙이 시작된다. 균형 있는 삶은 우리에게 지속 가능한 에너지와 여유를 선물한다. 오늘 하루, 나를 위한 균형을 점검하는 일부터 시작해 보자.

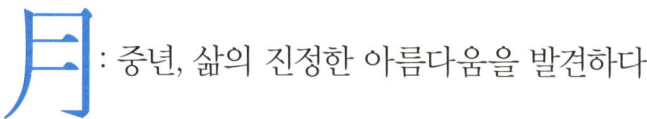 : 중년, 삶의 진정한 아름다움을 발견하다

"진정한 미학은 세상의 아름다움을 보는 눈을 갖는 것이다."
- 헬렌 켈러

인생을 살아가면서 우리는 종종 외적인 아름다움이나 성공의 지표를 미학으로 여기곤 한다. 그러나 진정한 미학은 겉으로 드러나는 성과나 모습이 아니라, 내면에서 피어나는 진실된 감정과 삶의 태도에서 비롯된다. 이러한 미학은 우리가 매일 마주하는 일상에서 자연스럽게 형성되며, 단순한 아름다움이나 성취를 넘어 삶을 어떻게 살아가느냐에 대한 깊은 이해와 깨달음에서 나온다.

미학을 찾는 여정은, 자기 자신을 이해하고 타인과의 관계를 통해 성장하며 일상에서 진정한 의미를 발견하는 과정이다. 진정한 미학은 외부의 기준에 억지로 맞추어 만들어지는 것이 아니라, 스스로 정한 기준과 가치에 의해 형성된다. 우리가 경험하는 어려움과 고난 역시 인생의 일부로서, 그것들이 없었다면 진정한 미학을 발견할 기회도 없었을 것이다.

어느 작은 마을에 일찍 남편을 잃고 홀로 세 아이를 키우는 여성이 있었다. 그녀는 매일의 어려움과 고난에 지쳐 있었지만, 자식들을 위해 성실히 하루하루를 살아가고 있었다. 그러던 어느 날, 한 아이가 학교에서 그린 그림을 들고 돌아왔다. 그림에는 '우리 엄마는 세상에서 제일 아름다워요'라는 글귀와 함께 그녀의 얼굴이 그려져 있었다. 아이는 지친 얼굴이나 굳은 표정을 그린 것이 아니라, 엄마의 진심을 이해하고 그녀의 내면에 깃든 아름다움을 표현한 것이었다.

그녀는 그 그림을 보며 깨달았다. 외적인 모습은 세상의 것으로 아름답게 꾸밀 수 있지만, 진정한 아름다움은 내면에서 비롯된다는 사실을. 그날 이후 그녀는 자신을 더욱 사랑하게 되었고, 아이들에게도 더 많은 사랑을 주기 위해 노력했다. 그 작은 그림을 통해 그녀는 '진정한 미학'이 무엇인지 알게 되었다. 삶을 살아가는 방식과 자신을 바라보는 태도가 그 사람의 진정한 아름다움을 결정한다는 사실을 깨달은 것이다.

그녀의 삶은 이전과 달라졌다. 더는 세상의 시선이나 외적인 성공에 얽매이지 않고, 자신의 삶을 진지하게 살아가며, 사랑을 나누는 것만으로도 만족을 느꼈다. 그녀가 깨달은 진정한 미학은, 자기 자신을 사랑하고 자신이 가진 아름다움을 인식하는 데서 시작되었다.

그 후 마을 사람들은 그녀를 단순히 세 아이의 엄마로만 보지 않았다. 그녀는 진정한 내면의 아름다움을 지닌 여성으로서 마을 사람들에게 큰 영감을 주었으며, 그녀의 삶 자체가 미학을 표현하는 살아 있는 예술 작품이 되었다.

🌷 마음 다지기

오늘 하루는 중년의 시기를 맞아 하나님 안에서 인생의 참된 아름다움을 묵상해 보자. 젊은 시절 목표와 성취에 매달렸던 나를 돌아보며, 이제는 하나님이 주시는 평강과 내면의 성장, 그리고 사랑하는 이들과의 관계에서 진정한 삶의 의미를 발견하자. 세상의 풍요함보다 하나님의 은혜 안에서 누리는 마음의 평안이 더 가치 있으며, 중년은 하나님께서 허락하신 삶의 깊이를 경험하는 은혜로운 시간인 것을 기억하자. 이 시간, 하나님과 함께하는 삶이 진정으로 아름다운 인생임을 가슴에 새기자.

● 오늘 나의 실천

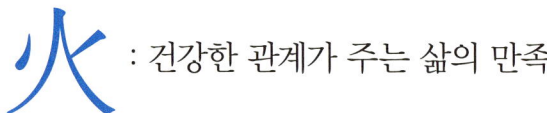

"사람이 행복해지는 가장 큰 이유는 사랑하는 사람과 함께 있기 때문이다."

- 다니엘 골먼

우리는 모두 사회적 존재로서 혼자 살아갈 수 없으며, 반드시 다른 사람들과의 관계 속에서 살아가야 한다. 많은 사람이 삶의 질을 높이기 위해 물질적인 것에 집중하지만, 사실 진정한 풍요로움은 사람들과의 관계에서 비롯된다. 사람들과의 소통과 유대는 삶의 만족도와 행복감을 크게 향상시키며, 관계의 질이 우리 삶의 질을 결정한다고도 할 수 있다.

풍요로운 관계를 통해 얻을 수 있는 가장 큰 이점은 정신적인 안정감과 유대감이다. 사람들은 서로에게 마음을 열고 고통과 기쁨을 나누며 더 나은 사람이 되어 간다. 인간관계에서의 신뢰와 지지는, 어려운 상황에서도 용기와 힘을 낼 수 있도록 도와준다. 이러한 관계들이 쌓여 갈 때 우리는 진정한 삶의 의미와 가치를 발견하고, 더욱 풍성하고 행복한 삶을 살게 된다.

풍요로운 관계는 타인과의 깊은 교류를 의미한다. 깊이 있는 대화, 서로에 대한 존중, 진정성과 따뜻함이 뒷받침될 때 그러한 관계는 우리의 삶에 큰 영향을 미친다. 우리는 타인과의 관계를 통해 자신을 더 잘 알게 되고, 나아가 자신을 사랑할 수 있게 된다. 이 모든 과정이 삶을 풍요롭게 하며, 어려운 순간에도 힘을 낼 수 있게 한다.

어느 작은 마을에 한 노인이 살고 있었다. 그는 평생을 혼자 지내 왔으며, 나이가 들면서 힘든 몸을 이끌고 마을 사람들에게 도움을 청하기도 했다. 그가 마을에서 잘 알려져 있었던 이유는 단순히 그곳에 오래 살았기 때문만이 아니라, 언제나 다른 사람들의 이야기를 경청하고 도움이 필요한 이들에게 따뜻한 조언을 해주었기 때문이다.

그 마을에 사는 한 젊은 부부가 어려움을 겪고 있었다. 두 사람은 사업에 실패하고 둘 사이의 관계도 불안정해지면서 마음의 여유를 잃어 갔다. 그들은 누구에게도 털어놓지 못한 고민을 나누기 위해 노인을 찾아갔다. 노인은 그들에게 진정한 행복은 외적인 성공에 의존하지 않는다며 자신의 경험을 나누었다.

"인생에서 중요한 것은 물질적인 것이 아니라 서로의 마음을 이해하고 돌보는 것이다. 내가 살아온 세월을 돌아볼 때, 그동안 진정으로 나를 지탱해 준 것은 가족과 친구들 그리고 내가 관계를 맺은 사람들이었다. 그들은 나의 기쁨도 슬픔도 함께 나누며 나를 성장하게 했다."

노인은 그들에게 이처럼 관계의 중요성에 대해 말해 주었다. 그리고 단순히 말로만 끝내지 않고, 매일 작은 도움을 주고 따뜻한 말을 건네며 그들의 마음에 희망을 심어 주었다. 시간이 흐르면서 젊은 부부는 다시 힘을 내 사업을 재정비했고, 둘의 관계도 조금씩 회복되었다. 이제 그들은 노인의 조언을 잊지 않고 서로를 더욱 존중하며 살아가게 되었다.

🌷 마음 다지기

오늘 하루는 하나님 안에서 사람들과의 관계와 진정한 소통의 중요성을 묵상하자. 세상의 풍요로움도 귀하지만, 하나님께서 주신 가장 큰 복은 사랑으로 맺어진 관계다. 진심 어린 대화와 서로를 향한 이해, 그리고 작은 배려가 하나님의 사랑을 닮은 관계를 만들어 간다. 오늘 만나는 이와의 대화에서 하나님이 주신 사랑을 나누고, 그 사랑이 그에게 위로와 힘이 되며 나 또한 그 안에서 성장하기를 기대하자. 하나님께서 나를 통해 일하시는 사랑의 공동체가 삶을 진정으로 풍요하게 한다는 사실을 가슴 깊이 새기자.

● 오늘 나의 실천 :

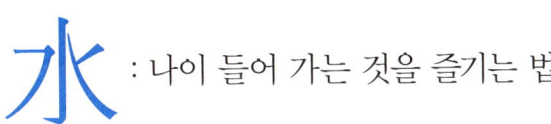

水 : 나이 들어 가는 것을 즐기는 법

"시간은 우리의 주름을 만들지만, 마음이 늙을 때 우리는 비로소 진짜 노인이 된다."

- 알버트 슈바이처

　노년은 많은 사람이 두려워하고 불안해하는 시기일 수 있다. 그러나 노년은 단순히 나이가 들어 가는 과정이 아니라, 그동안의 삶을 돌아보고 후회 없이 즐길 수 있는 새로운 기회를 얻는 시기다. 현대 사회에서는 젊음을 추구하는 경향이 있지만, 진정한 삶의 즐거움은 나이가 들면서 얻는 다양한 경험과 깨달음에서 비롯된다. 중요한 것은 나이가 아니라 마음가짐이다.

　노년의 삶에서 가장 중요한 요소는 자기 자신을 사랑하고 존중하는 것이다. 나이가 들어 감에 따라 신체적인 변화가 일어나 예전처럼 활발한 활동이 어렵다고 느낄 수 있지만, 여전히 자신의 삶을 풍성하게 만드는 방법은 많다. 중요한 것은 자신이 가진 에너지와 시간을 어떻게 활용하느냐다.

承_전개

노년의 즐거움은 가족, 친구 그리고 자신과의 관계에서 비롯된다. 주변 사람들과의 관계를 소중히 여길 때 우리는 더 큰 기쁨과 만족을 느낄 수 있다. 또한 새로운 취미 생활을 시작하거나 과거에 미뤄 왔던 일을 해 보는 것도 큰 기쁨을 준다. 여행을 떠나거나, 책을 읽거나, 배운 기술을 활용해 무엇인가를 창조하는 일도 마음을 풍요롭게 한다.

어느 할머니가 있었다. 그녀는 젊은 시절부터 가정을 돌보며 평생을 보냈다. 이제 자녀들은 다 커서 독립했고, 남편은 오래전에 세상을 떠났다. 어느 날, 할머니는 자신이 삶에서 놓쳤던 것들을 다시 시작해 보기로 결심했다. 무엇보다 젊은 시절 꼭 해 보고 싶었던 꽃꽂이를 배우기로 마음먹었다. 처음에는 손이 떨리고 꽃을 다루는 것이 쉽지 않았지만, 그녀는 매일 꽃을 만지며 꽃의 아름다움과 함께 시간을 보내기로 했다.

몇 년 후, 그녀는 실력이 늘어 꽃꽂이 대회에서 입상까지 하였다. 그 후 작은 꽃집을 열어 꽃을 통해 사람들에게 기쁨을 주는 일을 시작했다. 할머니는 자신이 다시 꿈을 꿀 수 있다는 사실에 놀랐고, 늘 '나는 할 수 있다'고 되뇌며 끊임없이 도전했다. 꽃을 다룰 때마다 기쁨을 느꼈고, 꽃을 통해 사람들과 소통하며 살아가는 데 큰 만족을 얻었다.

🌷 마음 다지기

오늘 하루는 하나님께서 허락하신 노년의 시간을 깊이 묵상하며, 그 안에서 주시는 참된 기쁨을 발견하자. 나이가 들면서 젊었을 때처럼 활기차게 움직이지는 못하지만, 하나님의 은혜 안에서 삶의 깊이와 평안이 점점 더해 간다. 느려진 삶의 속도를 따라 걸으며 피어나는 꽃과 불어오는 바람, 맑은 공기, 따스한 햇살 같은 하나님의 창조물을 더욱 섬세히 느끼며 감사함으로 삶을 채우자. 지금까지 쌓아 온 믿음과 경험이 주는 지혜와 평안이 나의 삶을 풍요롭게 하고, 하나님 안에서 더욱 성숙하게 함을 기억하자. 주님의 선하신 계획과 사랑 안에서 나이 들어 가는 것이 얼마나 큰 복인지를 오늘 더욱 감사하는 마음으로 되새겨 보자.

● 오늘 나의 실천

....

....

 : 회복력을 키우는 생활의 기술

"위기는 새로운 기회의 시작이다. 회복탄력성은 그것을 발견하는 힘이다."

- 톰 하디

회복탄력성은 단순히 어려움을 견디는 능력만을 의미하지 않는다. 그것은 시련을 극복하고 더 강해질 수 있는 내면의 힘이다. 인생에서 누구나 어려운 순간을 겪지만, 회복탄력성을 가진 사람들은 그 어려움을 지나면서 오히려 더 강해지고 긍정적인 태도를 갖게 된다. 회복탄력성은 단순히 넘어지지 않는 것이 아니라, 넘어졌을 때 다시 일어설 수 있는 능력을 뜻한다.

내면의 힘을 키우는 회복탄력성은 몇 가지 원리를 통해 발전할 수 있다. 첫째, 긍정적인 사고다. 위기를 맞이할 때 긍정적인 관점으로 상황을 바라보면 더 나은 해결책을 찾을 수 있다. 어려운 상황에서도 희망을 잃지 않고 "이 상황에서 내가 무엇을 배울 수 있을까?"라고 스스로 질문하는 태도가 필요하다. 둘째, 자기 자신을 믿는 믿음이다. 내면의 힘을 기르기 위해서는 무엇보다 자기 자신을 신뢰하는 것이 중요하다. 자신이 어려움을 이겨 낼 수 있다는 확신이 있을 때 실제로 어떤 난관도 극복할 수 있다. 이는 자기 자신에게 주는 긍정적인 메시지로, 마음 깊이 새겨야 한다. 셋째, 유연한 사고와 적응력이다. 삶은 항상 예상대로 흘러가지 않으며, 변화는 불가피하다. 이러한 변화와 불확실성 속에서 유연하게 적응할 수 있는 능력은 회복탄력성을 키우는 중요한 요소다. 일관성을 유지하면서도 변화에 열린 마음을 갖는 태도가 필요하다. 넷째, 지속적인 자기 발전이다. 자신을 꾸준히 성장시키려는 노력이 중요하다. 어려움을 겪었을 때 이를 기회로 삼아 스스로를 돌아보고 개선할 점을 고민하는 것은 회복탄력성 강화에 큰 도움이 된다. 내면의 힘은 노력과 성장을 통해 지속적으로 강해진다.

민아(가명) 씨의 이야기다. 민아 씨는 작은 카페를 운영하던 자영업

자였다. 그런데 코로나19로 손님이 뚝 끊기고, 결국 가게 문을 닫을 수밖에 없었다. 몇 년간 정성을 쏟아온 일이 무너진 현실 앞에서, 그녀는 깊은 좌절을 겪었다. 하지만 어느 날, 민아 씨는 스스로에게 조용히 질문했다. "이 상황에서 내가 배울 수 있는 건 뭘까?" 그 순간부터 그녀는 다시 일어설 준비를 시작했다. 민아 씨는 자신을 믿기로 했다. "나는 다시 시작할 수 있어, 예전에도 해냈잖아." 그 믿음은 조금씩 무너진 마음을 붙잡아 주었다. 그리고 그녀는 방식을 바꾸기로 했다. 오프라인 장사는 어렵지만, 온라인 판매는 여전히 가능하다는 생각이 들었다. 직접 커피 원두를 소분하고, SNS를 통해 홍보를 시작했다. 낯설었지만, 변화에 적응한 결과 첫 주문이 들어왔고, 그녀의 얼굴엔 오랜만에 미소가 피어났다. 민아 씨는 그 뒤로도 꾸준히 공부하고 자신을 발전시키며 온라인창업교육도 받았다. 실패를 발판 삼아 더 단단해진 그녀는 이제 "진짜 나의 길을 찾았다"고 말한다. 회복탄력성은 우리 모두 안에 있다.

민아 씨처럼, 다시 묻고 다시 일어나려는 마음이 바로 그 시작이다.

🌷 마음 다지기

오늘 하루는 하나님 안에서 내면의 회복탄력성을 키우는 것에 대해 묵상하자. 무엇보다 인생의 고난과 시련이 찾아올 때마다 하나님께서 주시는 힘으로 다시 일어설 수 있음을 믿는 것이 중요하다. 어려움 속에서도 길을 잃지 않고 주님의 인도하심을 따라 나아가는 것이 진정한 회복의 시작이다. 때로는 감정에 휘둘리거나 상황에 눌리기도 하지만, 그

> 럴수록 더욱 기도하며 하나님을 의지하고 마음을 다잡아야 한다. 어떤 실패와 좌절 속에서도 하나님께서 내 안에 심어주신 강한 믿음으로 내면의 힘을 키워가자. 세상의 시련은 모두 주님의 뜻 안에서 지나가는 하나의 과정이며, 이를 통해 나는 그분의 은혜로 더욱 견고해질 것이다.

● 오늘 나의 실천

_____

_____

 : 멈추지 않는 배움과 성장의 매력

"진정한 아름다움은 우리가 내면적으로 성장하면서 만들어진다."
- 엘리자베스 테일러

우리는 종종 외적인 모습에만 너무 집중하여, 이를 위해 들인 보이지 않는 노력과 시간을 간과하곤 한다. 그러나 진정한 아름다움은 단순히 겉모습에서 끝나는 것이 아니다. 특히 '아름다운 뒤태'처럼 눈에 잘 띄지 않는 곳에서의 지속적인 성장과 노력이 바로 그 아름다움을 만들어 낸다.

'아름다운 뒤태'란 신체적인 의미를 넘어, 인생의 성장과 노력 그리고 시간의 흐름 속에서 자신을 끊임없이 발전시키는 과정을 의미한다. 이 과정에서의 변화는 외부에 쉽게 드러나지 않지만, 그 모든 노력이 차곡차곡 쌓여 결국 다른 사람들이 바라보는 아름다움으로 완성된다. 삶의 변화는 단기적으로 되는 것이 아니라 시간이 지나면서 조금씩 쌓여 이루어지며, 보이지 않는 곳에서 이루어진 노력과 인내가 결국 표출되는 것이다. 단기간의 결과가 아닌 꾸준한 노력의 결과물은 언제나 아름답고 강렬한 인상을 남긴다.

  이 과정은 신체뿐 아니라 마음의 성장에도 해당한다. 한 번의 성취로 끝나는 것이 아니라, 계속해서 성장하고 발전하는 데 진정한 의미가 있다.

  지은(가명) 씨는 건강하게 살고 싶었다. 그러나 매일 바쁜 일정을 소화하면서 운동을 자주 거르고, 불규칙한 식습관을 이어 갔다. 그 결과 몸이 비대해졌다. 어느 날 그녀는 거울에 비친 자신의 모습을 보고, 그동안 계속 외면했던 내면의 아름다움과 외적인 건강을 되찾기로 결심했다. 먼저 운동을 시작하며 자신에게 시간을 투자하고, 작은 습관부터 바꾸기로 마음먹었다. 처음에는 매일 운동하는 것이 어려웠고, 포기하고 싶은 마음도 자주 들었다. 하지만 '아름다운 뒤태는 지속적인 성장의 결과'라는 믿음을 갖고 꾸준히 몸을 관리했다. 식습관도 개선하고, 하루 일상에서 짬짬이 운동할 시간을 확보했다. 초반에는 큰 변화를 느끼지 못했지만, 시간이 지나면서 몸의 변화가 점차 눈에 띄게 나타났다.

  3개월이 지나자 지은 씨는 이전보다 건강하고 활기찬 모습을 갖게 되었으며, 자신감도 회복했다. 운동을 통해 체력이 길러졌고, 자신에 대한 믿음도 커졌다. 또한 꾸준히 건강을 유지하는 삶의 중요성을 깨달았으며, 그 경험을 바탕으로 다른 사람들에게도 삶의 질을 높이는 방법을 조언하게 되었다.

🌷 마음 다지기

오늘 하루는 '아름다운 뒤태는 지속적인 성장의 열매'라는 사실을 하나님 앞에서 묵상하자. 외적인 아름다움은 잠깐의 노력으로 이룰 수 있지만, 진정한 아름다움은 주님 안에서 이루어지는 내면의 변화와 성숙에서 비롯된다. 꾸준한 기도와 말씀 묵상 등 날마다 하나님과 동행하는 작은 신앙의 훈련에서 자라나는 믿음이 우리를 참되고 아름답게 만든다. 마치 뿌리를 깊이 내린 나무가 계절마다 아름다운 꽃을 피우듯, 나 역시 하나님 은혜 안에서 끊임없이 성장하며 더 온전한 모습으로 거듭날 것이다. 결과에 조급해하지 말고, 하나님이 주신 성장의 과정 자체를 감사하며 기쁨으로 받아들이자.

● 오늘 나의 실천

_____

_____

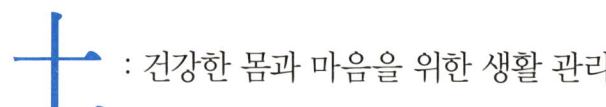

土 : 건강한 몸과 마음을 위한 생활 관리

"몸을 움직이지 않으면, 마음도 움직이지 않는다."

- 마르티나 나브라틸로바

삶의 질을 높이는 건강 관리법은 단순히 질병을 예방하거나 치료하는 데서 그치지 않는다. 건강이란 몸과 마음의 균형을 맞추고 자신을 사랑하며 돌보는 과정에서 이루어진다. 매일의 작은 습관들이 우리의 삶을 더욱 풍요롭고 의미 있게 만든다. 그중 첫 번째로 중요한 것은 규칙적인 운동이다. 운동은 신체를 건강하게 할 뿐 아니라 정신적으로도 활력을 불어넣는다. 운동을 통해 스트레스를 해소하고 면역력을 강화하여 질병을 예방할 수 있다.

　두 번째는 균형 잡힌 식단이다. 올바른 영양 섭취는 건강을 유지하는 데 매우 중요하다. 과일과 채소, 단백질이 풍부한 식품을 섭취하고, 가공식품은 피하는 것이 바람직하다. 또한 충분한 물을 마시고 식사 시간을 규칙적으로 지키는 것이 몸의 리듬을 조절하는 데 중요한 역할을 한다.

　세 번째로 마음의 건강을 챙기기 위해서는 마음을 가라앉히고 ㄸ 기도(명상)나 심호흡을 통해 마음의 평화를 찾는 것이 필요하다. 마음의 건강은 신체의 건강만큼 중요하다. 스트레스가 쌓이면 몸에 여러 문제가 발생할 수 있기 때문에 정신적인 평안은 전반적인 건강에 큰 영향을 미친다.

　또한 충분한 수면은 하루를 잘 마무리하는 데 필수적인 요소다. 충분한 수면을 취하면 몸이 회복되고 에너지가 재충전된다. 좋은 수면은 뇌 기능을 향상시키고 기분을 안정시키는 데도 도움을 준다.

　건강 관리에서 또 하나 중요한 것은 긍정적인 사고다. 건강한 마음이 건강한 몸을 만들며, 그것은 곧 행복한 삶으로 이어진다. 힘든 상황에서도 긍정적인 마음가짐을 유지하고 감사하는 마음을 잊지 않으면 삶의 질이 높아진다.

김 모 씨는 최근 몇 년간 스트레스와 과중한 업무로 건강을 잃을 뻔했다. 그는 끊임없이 일하느라 운동이 부족했고, 식사 시간도 불규칙했다. 그러자 점차 체중이 늘고 피로감이 심해졌다.

어느 날 거울에 비친 자신의 모습과 마음 상태에 충격을 받은 그는 마음을 다잡고 건강 관리를 시작하기로 결심했다. 먼저 매일 아침 30분씩 걷기를 시작했고, 식단을 개선하여 채소와 과일을 점차 더 많이 섭취했으며, 가벼운 운동도 일상에 포함시켰다. 또한 매일 잠자리에 들기 전 10분간 기도(명상)하며 마음을 가라앉히는 시간을 가졌다. 그 결과 김 씨는 체중이 자연스럽게 조절되고 에너지가 넘치게 되었으며, 무엇보다 일상에서 더 많은 행복을 느낄 수 있었다.

🌷 마음 다지기

오늘 하루는 하나님이 주신 몸과 마음을 소중히 돌보는 것에 대해 묵상하자. 우리의 몸은 성령이 거하시는 성전임을 기억하며, 규칙적인 운동으로 몸을 건강하게 단련하고, 균형 잡힌 식단으로 영양을 채우자. 또한 말씀 묵상과 기도로 내면의 평화와 쉼을 누리자. 건강을 유지한다는 것은 단순히 질병을 피한다는 의미가 아니라, 하나님과 조화롭게 살아간다는 증거다. 오늘의 작은 노력들이 모여 하나님께서 기뻐하시는 건강한 삶을 이룰 것을 믿으며, 오늘도 몸과 마음을 정성껏 관리하자.

● 오늘 나의 실천

轉

7단계 Recovery
자신을 회복하는 시간

자신을 회복하는 것은 자신을 다시 바라보는 데서 시작된다. 우리가 스스로를 어떻게 느끼고 평가하느냐는 삶 전체에 깊은 영향을 미친다. 과거의 상처나 부정적인 경험이 자존감을 흔들 수 있지만, 그것이 나의 전부는 아니다. 자아상은 고정된 틀이 아니라, 돌보고 이해하며 바꿔 갈 수 있는 내면의 얼굴이다. 회복은 스스로를 있는 그대로 인정하는 순간부터 시작된다. 지금 이 시간, 나를 비난하기보다 다정하게 안아 주는 연습이 필요하다.

月 : 애착의 회복을 위한 자기 이해

"내가 과거와 화해하면, 나도 이제 과거에서 자유로워질 수 있다."
- 루이자 메이 올컷

과거의 상처와 화해하는 과정은 건강하고 성숙한 삶을 살기 위해 반드시 거쳐야 하는 것이다. 누구나 인생을 살아가면서 크고 작은 상처를 받는다. 사랑하는 사람에게서 상처를 받기도 하고, 예상치 못한 사건이나 실수로 마음속에 깊은 흉터가 남기도 한다. 그러나 중요한 것은, 과거의 상처에 머물지 않고 그것을 치유하며 극복할 수 있는 용기다.

과거와 화해하는 첫 번째 단계는 상처를 인정하는 것이다. 우리는 종종 상처를 숨기거나 잊으려 하지만, 상처를 외면하는 것은 사실 문제를 더 깊어지게 한다. 상처를 직시하고 그것이 자신에게 어떤 영향을 미쳤는지 이해하는 것이 필요하다. 과거에 어떤 일이 있었는지, 그 일이 자신의 감정과 행동에 어떤 영향을 주었는지를 깨닫는 과정에서 상처의 존재를 인정하고, 이를 치유하려는 의지를 갖게 된다.

두 번째 단계는 용서를 통해 화해하는 것이다. 나에게 상처를 준 사람을 용서하는 일은 매우 어렵다. 그러나 용서는 상대방이 아니라 자기 자신을 위한 것이다. 용서하지 않으면 상처는 계속해서 마음을 얽매고 삶을 지배하게 된다. 친구와의 불화로 오랜 시간 마음의 짐을 안고 산 사람이 있었다. 친구가 한 말과 행동이 그에게 깊은 상처를 남겼고, 이를 쉽게 잊지 못했다. 그러나 어느 날 그는 자신이 그 상처에 집착하고 있음을 깨닫고 친구를 용서하기로 결심했다. 용서의 대화 후 그는 마음의 짐을 내려놓고 진정한 평화를 느꼈다. 용서는 화해의 첫걸음이며, 마음에 자유를 가져온다.

세 번째는 상처에서 배운 교훈을 삶에 적용하는 것이다. 상처를 치유하는 것은 단순히 고통을 지워 버리는 것이 아니다. 상처를 통해 우리는 성장하고 강해지며, 다른 사람들을 더 잘 이해하고 공감할 수 있다. 한 여성이 어린 시절 부모의 이혼으로 큰 상처를 입었다. 그로 인해 가족에 대한 불신과 두려움을 갖게 되어 사람들과의 관계에서 어려움을 겪었지만, 치료 과정을 거치면서 자신이 상처에 갇혀 있었음을 깨닫고 그 경험을 다른 사람들과 나누며 더 나은 관계를 만들어 가겠다는 결단을 내렸다. 이 과정에서 그녀는 자신을 이해하게 되었고, 상처가 오히려 자신을 깊고 따뜻한 사람으로 만들었다는 것을 알게 되었다.

마지막으로, 과거와 화해하는 것은 혼자만의 힘으로 이루기 어렵다. 사랑하는 사람들의 지지와 전문가의 도움을 받는 것이 큰 도움이 된다. 치유는 혼자만의 힘으로 이루어지는 것이 아니라, 관계를 통해 함께 나누는 과정에서 더 강력하게 완성된다. 우리는 과거의 상처를 치유하고 그것을 넘어 더 큰 사랑과 평화를 찾기 위해 끊임없이 노력해야 한다.

한 여성의 이야기다. 그녀는 어린 시절 부모의 무관심과 비판 속에서 자랐고, 늘 부모에게 인정받지 못한다고 느끼며 자신이 부족하다고 생각했다. 그 결과 자아상이 낮아져 자신감을 잃고 사회에서도 자신을 드러내지 못했다. 그러던 어느 날 그녀는 상담을 통해 과거의 상처를 직면하고 치유하는 여정을 시작했다. 그 과정에서 그녀는 자신이 진정으로 원하는 것이 무엇인지 스스로에게 물었고, 자신의 강점을 발견했다. 그리고 작은 목표들을 이루면서 점차 자신감을 회복했고, 결국 자신의 꿈을 이루기 위한 중요한 결정을 내렸다. 그녀는 과거의 상처와 화해하고 더는 그 상처에 얽매이지 않게 되었으며, 자신을 사랑하고 존중하는 마음으로 자아상을 회복함으로 삶에 변화가 생겨났다.

낮은 자아상의 치유는 시간과 인내를 요구한다. 그러나 이 과정은 우리에게 큰 변화를 가져다주며, 삶을 더욱 풍요롭고 의미 있게 만든다. 자아상의 치유는 자기 사랑과 자기 수용에서 시작된다. 과거는 우리를 규정할 수 없으며, 우리는 언제든지 변화하고 성장할 수 있다. 중요한 것은 자신에게 친절하고 인내하며 작은 성공을 통해 자신감을 쌓아 가는 것이다. 결국 낮은 자아상은 치유되고, 우리는 더 강하고 행복한 사람으로 성장할 수 있다.

🌱 마음 다지기

오늘 하루는 하나님 앞에서 과거의 상처와 화해하는 것에 관해 묵상하자. 우리는 지난 상처들이 현재의 삶을 무겁게 짓누르는 것을 깨닫지 못할 때가 많다. 그러나 주님의 은혜 안에서 과거의 아픔을 인정하고 그분의 치유하심을 구할 때 진정한 자유를 얻을 수 있다. 과거의 상처와 화해한다는 것은 단순히 과거를 잊는 것이 아니라, 그 상처를 하나님께 맡기며 마음의 짐을 내려놓는 과정이다. 상처를 주님께 내어 맡기는 순간, 그 아픔은 더는 나를 얽매지 못하고 평안이 찾아온다. 오늘은 그 은혜를 붙들고 과거의 상처와 화해하며, 하나님께서 주시는 새 마음으로 내게 주어진 삶을 온전히 살아가자.

● 오늘 나의 실천

_____

_____

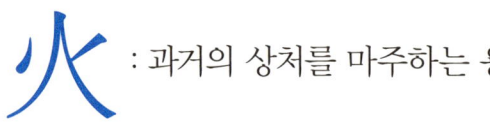 : 과거의 상처를 마주하는 용기

"과거의 잘못을 용서하는 것이 가장 큰 성숙이다."

- 브루스 리

　자신을 용서하는 일은 때로 가장 어려운 일이다. 우리는 자신의 실수와 잘못을 반복해서 되새기며 스스로를 벌주고 자책하는 마음에 빠지기 쉽다. 그러나 이러한 마음은 결국 우리를 더욱 괴롭게 만들고 진정한 회복을 방해한다. 우리는 과거의 실수에 갇히지 말고 오히려 그 실수에서 배워야 한다. 자신을 용서하는 과정은 단순히 실수를 덮어 두는 것이 아니라, 그 실수를 인정하고 그것을 통해 성장하려는 의지를 다지는 것이다.

　자기 용서는 자신을 한 인간으로서 받아들이고 성장의 기회를 제공한다. 실수는 우리에게 교훈을 주며, 인생을 더 깊고 넓은 방향으로 이끌 수 있게 한다. 자기 용서는 그 교훈을 받아들이고 더 나은 사람이 되는 길이다. 우리는 종종 다른 사람을 용서하는 것보다 자신을 용서하는 것이 더 어렵다고 느낀다. 그러나 자신을 용서하지 않으면 끊임없이 죄책감과 후회의 감정에 휘둘리며 살아가게 된다. 그럴수록 더 나아갈 수 없고 성장의 기회를 놓치게 된다. 자기 용서는 과거를 놓아주고 현재와 미래에 집중할 수 있게 해주는 중요한 열쇠다.

한 젊은 여성의 이야기다. 그녀는 어렸을 때 큰 실수를 저질렀고, 그로 인해 오랫동안 마음의 짐을 지고 살았다. 스스로를 용서하지 못한 그녀는 계속해서 자책하며 살아갔다. 그러던 어느 날, 그녀는 목사님의 설교를 통해 자신을 용서하고 하나님께서 주시는 사랑과 자비를 받아들이라는 말씀을 들었다. 그녀는 곧 깊은 고민에 빠졌고, 결국 마음속으로 작은 결단을 내렸다. 그녀는 그 실수를 용서하기로 결심했다. 물론 쉽지 않았지만, 자신을 받아들이고 그 실수가 자신의 일부임을 인정했다. 시간이 지나면서 그녀는 그 경험이 자신의 성장에 얼마나 중요한 역할을 했는지 깨닫게 되었다. 이제 그녀는 더는 자신을 괴롭히지 않고 과거의 실수로부터 배우며 새로운 삶을 살아갈 수 있었다. 그리고 다른 사람들에게도 자신을 용서하는 방법을 나누며 그들의 삶을 돕게 되었다.

🌷 마음 다지기

오늘은 하나님 앞에서 자신을 용서하는 것에 대해 깊이 묵상하자. 우리는 종종 과거의 실수와 잘못으로 자신을 비난하며 스스로 마음에 상처를 쌓아 가지만, 그 자책은 나를 치유하지 못한다. 오직 하나님께서 주시는 은혜 안에서 나 자신을 용서할 때 진정한 회복이 시작된다. 나의 연약함과 부족함을 주님께 맡기고, 그 과정을 통해 성장하는 은혜를 받

轉_클라이맥스

> 아들이자. 자신을 용서한다는 것은 하나님이 새 생명을 주셨음을 믿고, 더 나은 방향으로 나아갈 수 있도록 스스로에게도 은혜를 베푸는 것이다. 오늘 그 은혜를 붙들고 마음을 열어 하나님께서 주시는 참된 평안을 누리자.

● **오늘 나의 실천**

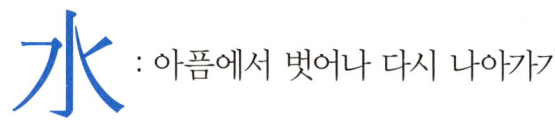 : 아픔에서 벗어나 다시 나아가기

"고통은 지나간다. 그러나 포기하면 아무것도 남지 않는다."

― 랜스 암스트롱

 타인과의 비교를 멈추는 것은 진정한 자기 사랑과 성장으로 가는 첫걸음이다. 현대 사회에는 끊임없이 다른 사람과 자신을 비교하도록 만드는 유혹이 많다. 특히 소셜 미디어에서는 다른 사람들의 행복한 모습과 성공적인 일들이 매일처럼 눈에 띄며, 우리는 무의식적으로 자신과 그들을 비교한다. 이러한 비교는 종종 우리를 불행하게 만들고 자신감과 자존감을 떨어뜨리는 원인이 된다. 결국 우리는 자신만의 고유한 가치를 인식하지 못한 채 타인의 기준을 따라가게 된다.

　비교는 일시적으로 나쁜 감정을 유발할 뿐 아니라, 장기적으로는 자기 성장과 자아 발전에 전혀 도움이 되지 않는다. 우리는 각자 다른 삶을 살고 있으며, 다른 속도와 방식으로 성공을 이룬다는 사실을 깨달아야 한다. 어떤 사람은 빠르게 성공하는 반면, 어떤 사람은 시간이 걸린다. 중요한 것은 내가 얼마나 나아가고 있는지, 그리고 그 과정에서 얼마나 성숙해지고 있는지를 아는 것이다.

　자신을 타인과 비교하는 것은 결국 다른 사람의 삶을 살려는 것과 같다. 하지만 우리는 각기 독특한 존재이며 각자의 속도와 방식대로 나아가야 한다. 타인의 성취나 외모, 물질적인 성공이 우리에게 꼭 필요하지는 않다는 것을 깨닫는 것이 중요하다. 우리가 가진 고유한 장점과 잠재력을 발견하고 발전시키는 것이 진정한 행복으로 가는 길이다.

　어느 날 나는 한 친구와 대화를 나누었다. 그 친구는 자주 다른 사람들과 자신을 비교하며 "나는 왜 항상 뒤처지는 것 같지?"라고 말하곤 했다. 그 친구의 눈에는 성공한 사람이 많아 보였고, 자신은 그들처럼 되지 못했다고 생각했다. 나는 그에게 "각자의 속도가 다르잖아. 너는 너만의 속도와 방식으로 가면 돼"라고 말했다. 그 후 그 친구는 자신을 조금 더 사랑하게 되었고, 비교를 멈추었다. 그리고 얼마 지나지 않아 그는 자신만의 목표를 향해 한 걸음씩 나아가며 큰 성취를 이루었다.

　이처럼 비교를 멈추는 과정에서, 가장 중요한 것은 자기 자신에 대한 믿음을 갖는 것이다. 자신을 사랑하고 존중하는 것이 가장 큰 힘이 된다. 타인과 비교하는 대신 자신이 어디서부터 시작했는지, 얼마나 성장했는지를 돌아보는 것이 중요하다. 작은 성취와 노력을 기뻐하고, 그것이 나만의 고유한 성과임을 자랑스럽게 여겨야 한다.

  자신의 가치와 능력을 인정하는 것은 지속적인 성장으로 이어진다. 더는 타인의 기준에 따라 자신을 평가하지 않게 될 때, 우리는 진정한 자유와 행복을 느낄 수 있다. 중요한 것은 나만의 길을 가는 것이며, 타인의 길을 따라가지 않는 것이다. 비교를 멈추고 나만의 길을 걸어갈 때, 우리는 비로소 자신을 깊이 이해하고 사랑하는 사람으로 성장할 수 있다.

🌷 마음 다지기

오늘은 하나님 앞에서 나 자신과 타인을 비교하는 마음을 돌아보자. 우리는 친구나 주변 사람들, 또는 소셜 미디어를 통해 다른 이들과 자신을 비교하면서 종종 불안과 부족함을 느낀다. 하지만 성경은 하나님께서 우리 각자를 그분의 독특한 형상으로 창조하셨음을 일깨운다. 타인과 자신을 비교하는 것은 오히려 하나님의 주신 나만의 귀한 은사를 잊게 하고, 내 안에 있는 하나님의 계획과 뜻이 흐려지게 한다. 오늘은 그 비교를 멈추고, 하나님께서 주신 나만의 길과 가치를 인정하며 감사하는 마음을 갖자. 주님 안에서 내가 소중한 존재임을 기억하며, 하나님이 기뻐하시는 진정한 성장으로 나아가자.

● 오늘 나의 실천

_____

_____

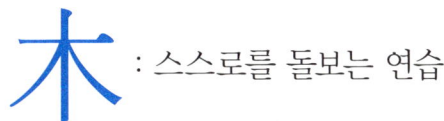# 木 : 스스로를 돌보는 연습

"마음의 상처를 치유하는 열쇠는 그 상처와 마주하는 용기다."
- 헤르만 헤세

　자기 주도적인 치유 과정은, 자신의 내면을 깊이 들여다보고 스스로 삶과 감정을 책임지며 치유의 주체가 되는 여정이다. 이는 외부의 도움에 의존하는 것이 아니라, 자신에게서 비롯되는 변화와 성장을 의미한다. 우리가 진정으로 치유를 원한다면 외부의 도움을 받는 동시에, 그 치유 과정을 주도적으로 결정하고 행동하는 자세가 필요하다.

　삶을 살아가면서 우리는 다양한 어려움과 상처를 겪는다. 때로는 그 상처가 우리를 지치게 만들고, 마음속 깊은 곳에 구멍을 남기기도 한다. 그러나 진정한 치유는 상처를 외면하거나 숨기는 것이 아니라, 그것을 마주하고 그 안에 숨겨진 의미와 교훈을 발견하는 것에서 시작된다. 자기 주도적인 치유란 바로 이러한 과정에서 출발한다. 즉, 자신이 느끼는 감정을 직면하고, 그 감정을 어떻게 다루고 극복할 수 있을지를 스스로 깨닫고 받아들이는 것이다.

　한 여성이 오랜 시간 동안 직장에서의 스트레스와 개인적인 관계에서 받은 상처로 우울증을 겪고 있었다. 처음에는 외부의 도움이 절실하다고 느꼈지만, 점차 그녀는 자신의 내면을 바라보는 노력을 시작했다. 자신의 감정을 들여다보며 과거의 상처가 현재에 어떤 영향을 미치고 있는지 인식하였고, 자신을 위한 기도(명상)와 일기 쓰기를 일상으로 삼았다. 그녀는 작은 일상에서 더 나은 선택을 하고, 감정을 건강하게 다루기 위한 방법을 하나하나 찾아 갔다. 이 과정이 빠르고 쉬운 것은 아니었지만, 점차 그녀는 치유의 주체가 자신이라는 것을 깨닫게 되었다. 누군가에게 의존하기보다는 스스로 자신의 감정을 이해하고 해결해 나가는 힘을 키우는 것, 이것이 자기 주도적인 치유의 핵심이다.

중년 남성 김 씨의 이야기다. 그는 몇 해 전 큰 사업 실패를 겪으며 심각한 경제적 어려움에 빠졌고, 그로 인해 깊은 우울감에 시달리며 대부분의 시간을 침대에 누워 자책과 무기력함 속에서 살았다. 그러던 어느 날, 그는 우연히 듣게 된 한 강연에서 '자기 주도적인 치유'라는 개념을 접하였다. 강연자는 치유는 외부에서 오는 것이 아니라, 자신의 내면에서부터 시작된다고 강조했다.

그 말에 감동한 김 씨는 조금씩 자신의 감정을 정리해 보기로 마음먹었다. 처음에는 단순히 일기를 쓰는 것부터 시작했고, 매일 자신이 겪은 일과 감정을 글로 표현했다. 그 과정에서 자신의 상처와 마주하게 되었고, 자신을 위한 작은 변화들을 실천해 나갔다. 김 씨는 매일 아침 자신에게 감사한 점을 찾고, 스스로를 긍정적인 시선으로 바라보려고 노력했다. 그는 다시 실패할지도 모른다는 두려움 대신, 오늘 하루 자신에게 선한 영향을 줄 수 있는 선택을 하기로 결심했다.

몇 달이 지난 후, 김 씨는 분명한 변화를 경험했다. 처음엔 미미했지만 점점 그는 과거의 상처에 머물러 있지 않게 되었고, 오히려 그 상처를 통해 더 강해진 자신을 발견할 수 있었다. 그는 결국 다시 사업을 시작했고, 이전보다 훨씬 건강한 마음과 자세로 살아가게 되었다.

이렇듯 자기 주도적인 치유는 쉽지 않은 길이지만, 가장 강력하고 의미 있는 치유 방식이다. 그것은 자기 자신을 있는 그대로 받아들이고, 자신이 삶의 주체가 되어 스스로를 치유하는 과정이다. 자기 주도적인 치유를 통해 우리는 더 깊이 자신을 이해하고, 삶을 더욱 주체적으로 살아갈 수 있게 된다.

마음 다지기

오늘 하루는 하나님 안에서 나 자신을 깊이 돌아보는 시간을 갖자. 진정한 치유는, 세상이 주는 위로가 아니라 하나님의 사랑과 말씀에서 시작된다. 내 안의 아픈 감정과 상처를 주님 앞에 솔직히 고백할 때, 그분은 상한 마음을 싸매시고 회복의 은혜를 부어 주신다. 물론 사람의 위로나 조언도 도움이 되지만, 가장 깊은 치유는 하나님과의 관계에서 비롯된다. 과거의 아픔을 하나님의 관점으로 다시 보고, 그 안에 담긴 하나님의 뜻과 섭리를 신뢰하며 나아가자. 나를 치유하시고 새롭게 하시는 분은 하나님이시며, 그 과정을 통해 나는 더욱 성숙한 믿음의 사람으로 자라갈 것이다.

● **오늘 나의 실천**

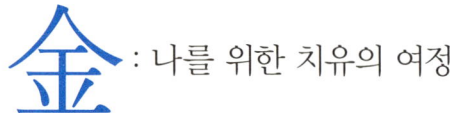 : 나를 위한 치유의 여정

"자신을 돌보는 것은 결국 나의 행복을 위한 투자다."

- 익명

　자기 돌봄은 신체적·정신적·정서적 건강을 유지하고 증진하기 위한 중요한 과정이다. 우리는 다른 사람을 돌보는 데 많은 시간을 쓰면서 정작 자신을 돌보는 데는 소홀해지기 쉽다. 그러나 자기 돌봄은 결코 이기적인 일이 아니며, 오히려 건강한 삶을 유지하고 타인과의 관계를 원활히 하기 위해 반드시 필요하다. 자신의 마음과 몸을 돌보는 일은 단순한 피로 회복이 아니며, 자신을 사랑하고 존중하는 마음에서 비롯된다.

　자기 돌봄은 단기적인 위안을 추구하는 것이 아니라, 장기적으로 자신을 지속적으로 보살피고 내면의 평화와 균형을 찾아가는 여정이다. 그 시작은 자기 자신을 이해하는 데서 출발한다. 무엇이 자신을 지치게 하고 무엇이 자신을 행복하게 하는지를 인식하는 것이, 자기 돌봄의 첫걸음이다. 이러한 자기 인식 없이 행하는 돌봄은 오히려 피로감을 가중시킬 수 있다.

　자기 돌봄을 실천하는 방법에는 여러 가지가 있다. 첫째, 충분한 휴식과 양질의 수면을 확보하는 것이 중요하다. 바쁜 일상에서 잠시의 휴식이 주는 회복력은 크며, 이는 신체적·정신적 활력을 되찾게 해준다. 둘째, 규칙적인 운동은 신체 건강을 유지하는 데 도움이 되며, 동시에 스트레스 해소와 기분 전환에도 효과적이다. 셋째, 스트레스를 효과적으로 관리하는 것도 중요하다. 기도(명상), 심호흡 또는 마인드풀니스 같은 방법은 마음의 안정을 돕고 감정의 균형을 찾는 데 유익하다.

정서적인 돌봄도 반드시 필요하다. 자주 감정을 억누르거나 자신의 욕구를 무시하는 사람은 심리적인 고통에 시달리기 쉽다. 정서적 돌봄은 자신의 감정을 인정하고 표현하는 것에서 시작된다. 누군가에게 자신의 마음을 털어놓거나, 글을 써서 감정을 정리하는 것도 치유의 한 방법이 될 수 있다.

결국 자기 돌봄은 단순히 자신을 돌보는 행위를 넘어, 자신이 삶을 어떻게 관리하고 어떤 태도로 살아갈지를 결정짓는 중요한 삶의 자세다. 자기 돌봄을 통해 우리는 자신을 더욱 사랑하게 되며, 그 사랑은 자연스럽게 타인에게도 긍정적인 영향을 미친다.

직장인 이 씨의 사례가 이를 잘 보여준다. 그는 매일 업무에 몰두하며 자신의 감정과 욕구를 외면한 채 살아왔다. 시간이 흐르면서 그는 점점 더 피로해졌고, 신체적, 정신적으로 무기력해졌다. 그러던 중 친구와의 대화에서 자신의 상태를 털어놓았고, 친구로부터 자기 돌봄이 필요하다는 말을 들었다. 그 말에 감동한 이 씨는 처음으로 자신을 돌보겠다고 결심했다.

이 씨는 아침마다 일찍 일어나 산책을 시작했다. 자연 속에서 걷는 시간은 그의 마음을 안정시키고, 일상에 새로운 활력을 불어넣었다. 저녁에도 10분 이상 기도(명상)하며 마음을 다스리는 시간을 가지면서 그는 점차 자기 돌봄의 중요성을 깊이 깨닫게 되었다. 이 실천은 그의 일상을 변화시켰고, 이제 그는 쉽게 지치지 않게 되었으며, 이를 통해 삶의 에너지를 되찾을 수 있었다.

이제 이 씨는 자기 돌봄을 삶의 중요한 일상으로 삼고 있다. 매일 운동하고, 감정을 표현하며, 필요할 때는 휴식을 취하면서 균형 잡힌 삶을 살아가고 있다. 그의 이러한 변화는 단지 자신에게서 그치지 않고 가족과 동료들에게도 긍정적인 영향을 미쳤다. 결국 그는 더 건강하고 행복한 삶을 살아가게 되었고, 자기 돌봄이 얼마나 중요한 가치인지 몸소 깨닫게 되었다.

🌷 마음 다지기

오늘 하루는 하나님께서 지으신 나 자신을 소중히 돌보는 일의 중요성을 깊이 묵상하자. 바쁘고 분주한 일상에서 우리는 종종 자신의 필요를 뒤로 미루고 살아가지만, 하나님은 우리가 우리의 몸과 마음을 잘 돌보기를 원하신다. 하나님께서 주신 우리의 몸은 성령이 거하시는 전이며, 우리에게 주어진 사명을 감당하기 위한 도구다. 그러므로 오늘은 잠시 멈추어 서서 주님 안에서 쉼을 얻고, 내 마음과 몸의 진짜 필요를 주님께 말씀드리자. 하나님의 말씀으로 위로받고, 기도로 다시 힘을 얻으며, 하나님이 주시는 평안 가운데 나를 돌보는 시간을 가져 보자. 자기 돌봄은 곧 하나님의 은혜에 감사하며 그분의 뜻을 따르는 거룩한 순종이다.

● 오늘 나의 실천

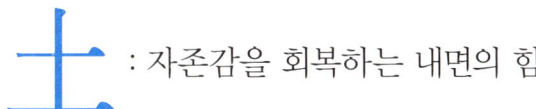 : 자존감을 회복하는 내면의 힘

"우리가 스스로를 사랑할 때, 세상은 그 사랑을 반영한다."
- 마하트마 간디

자아상은 우리가 자신에 대해 가지고 있는 이미지나 생각을 의미한다. 우리는 어린 시절부터 부모, 친구 그리고 사회의 기대와 평가 속에서 자신을 바라보고 정의해 왔다. 그러나 자아상은 단지 외부의 기준이나 타인의 평가에 의해 결정되는 것이 아니다. 진정한 자아상의 회복은 외부가 아닌 내면에서부터 시작되기에, 자기 자신을 있는 그대로 받아들이고 부족한 부분조차 긍정적으로 바라보는 태도가 필요하다.

타인의 시선에 지나치게 의존하면 우리의 자아상은 쉽게 흔들리고 불안정해진다. 이는 곧 자신감 상실로 이어지기도 한다. 자아상을 회복하기 위해서는 내면의 힘을 길러야 하며, 그 힘은 자신을 이해하고 사랑하는 과정에서 비롯된다. 내면의 힘을 찾는 여정은, 과거의 상처를 치유하고 스스로의 진정한 가치를 인식하는 데서 시작된다. 이 과정에서 중요한 것은 자신을 부정하지 않는 태도이며, 이는 실패나 실수조차도 성장의 기회로 받아들이는 자세다.

많은 사람이 자신에게 지나치게 가혹하고, 실수에 대해 과도하게 자책하는 경향이 있다. 그러나 이러한 부정적인 사고방식은 반드시 바꿀 필요가 있다. 내면의 힘을 찾는 여정은 자신을 있는 그대로 인정하고 사랑하는 것에서 출발한다. 하루하루 자신의 생각과 감정을 마주하고 들여다보며 자아를 치유하는 시간이 필요하며, 이는 단기간에 끝나는 과정이 아니라 지속적인 노력과 인내가 뒤따라야 한다.

자아상 회복을 위한 내면의 힘을 찾는 것은 그 자체로 용기를 요구한다. 자신을 사랑하고 자신감을 되찾는 일이 결국 자신만의 길을 걸어가는 것이기 때문이다. 내면의 힘을 되찾은 사람은 어떤 상황에서도 자기 자신을 잃지 않으며, 외부의 부정적인 영향을 최소화하면서 내적인 평온을 유지할 수 있다.

정은(가명) 씨의 이야기는 이를 잘 보여준다. 그녀는 엄격한 부모 밑에서 자라며 어린 시절부터 '성공해야만 사랑받을 수 있다'는 믿음을 마음에 품고 살아왔다. 학교에서는 항상 좋은 성적을 받아야 했고, 친구들과의 비교를 통해서만 자신의 존재가치를 느꼈다. 이러한 환경에서 그녀는 점차 낮은 자아상을 갖게 되었고, 성인이 된 이후에도 실패나 실수를 대할 때 자신의 존재를 부정하는 이유로 받아들이게 되었다.

그러던 어느 날 정은 씨는 우연한 계기로 심리 상담을 받았고, 상담을 통해 자신이 여전히 과거의 상처에 얽매여 있다는 사실을 깨달았다. 그녀는 자신의 부족함을 인정하고, 자존감을 회복하기 위한 방법을 하나씩 배워 가기 시작했다. 그녀는 매일 자신의 장점과 작은 성취를 스스로 인정하고 기록하는 연습을 하며, 자기 자신에게 지나치게 가혹하지 않으려고 노력했다.

시간이 지나며 그녀의 자아상은 점차 긍정적으로 변화하기 시작했다. 이제 정은 씨는 자신의 강점과 약점을 있는 그대로 받아들이고, 자기 자신을 더 깊이 이해하며 사랑하는 사람이 되었다.

그녀의 이야기는, 자아상 회복의 길이 단순히 생각을 긍정적으로 바꾸는 것이 아니라, 자기 내면을 마주하고 치유하려는 꾸준한 노력에서 시작되는 것임을 잘 보여준다.

🌷 마음 다지기

오늘 하루, 그동안 나는 하나님 안에서 나 자신을 얼마나 이해하고 사랑했는지 되돌아보자. 참된 자아상의 회복은 세상의 기준이 아니라 나를 사랑하시는 하나님의 시선으로 나 자신을 바라볼 때 비로소 시작된다. 하나님은 나의 연약함과 실수까지도 알고 용납하시는 분이며, 그 사랑 안에서 우리도 나 자신을 용서하고 받아들일 수 있는 용기를 얻는다. 나 자신에게 친절을 베풀고 하나님의 은혜를 마음에 새길 때 내면의 힘이 회복되고, 나는 점점 하나님께서 기뻐하시는 모습으로 자라가게 될 것이다. 오늘도 하나님의 사랑 안에서 참된 나를 발견하며 살아가자.

● 오늘 나의 실천

....

....

轉_클라이맥스

삶을 디자인하는 자기 관리

삶을 디자인하는 자기 관리는 단순한 습관이 아니라, 나를 위한 가장 주도적인 선택이다. 겉모습의 변화뿐 아니라 내면의 성장을 함께 이루는 이 과정은 인생의 방향을 새롭게 그려 준다. 목표를 세우고, 일상을 계획하며, 그것을 실천해 나가는 힘이 결국 삶의 질을 결정한다. 작은 실천들이 모여 어느새 삶의 중심을 바꾸고, 더 나은 나를 만들어 간다. 자기 관리는 미래를 기다리는 것이 아니라, 내가 원하는 미래를 스스로 만들어 가는 일이다. 지금 이 순간, 삶을 주도적으로 살아가기 위한 첫걸음을 시작해 보기 바란다.

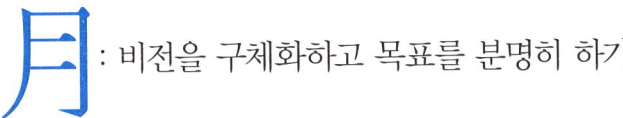 : 비전을 구체화하고 목표를 분명히 하기

"비전은 우리가 어디로 가야 할지 보여주는 나침반이다."
- 알베르트 슈바이처

비전은 우리 삶의 방향을 제시해 주는 길잡이와 같다. 아무리 좋은 기회가 주어진다 해도 분명한 비전이 없다면 우리는 쉽게 방향을 잃을 수 있다. 비전을 명확히 하고 목표를 설정하는 것은 삶 전반에 걸쳐 큰 영향을 미친다. 비전은 우리가 어떤 사람으로 살아가고 싶은지를 정의해 주며, 목표는 그 비전을 실현하기 위한 구체적인 계획이다. 결국 비전은 인생에서 이루고자 하는 궁극적인 목적이며, 삶의 의미와 방향을 설정해 주는 기준이 된다.

비전을 구체화하는 첫 번째 단계는 자신이 진정으로 원하는 것이 무엇인지, 어떤 삶을 살고 싶은지를 깊이 생각하는 것이다. 막연한 꿈은 현실이 되기 어렵다. 꿈은 종이에 적어 구체화하고, 목표는 실제 행동으로 옮겨야 비로소 그 가치를 실현할 수 있다. '나의 비전은 무엇인가?'라는 질문을 스스로에게 던지고, 그 비전을 이루기 위해 내가 어떤 노력을 해야 하는지를 명확히 하는 것이 중요하다.

그렇다면 목표는 어떻게 설정해야 할까? 목표는 추상적이지 않고 구체적이며 실현 가능한 것이어야 한다. 예를 들어 '성공하고 싶다'란 목표는 너무 막연하다. 반면 '3년 안에 마케팅 전문가가 되기 위해 매일 1시간씩 공부하겠다'는 식의 목표는 구체적이며 실천 가능하다.

단기 목표와 장기 목표가 균형을 이뤄야 지속적으로 동기를 유지할 수 있으며, 단계적인 성취를 통해 비전에 더 가까워질 수 있다.

준호(가명) 씨의 이야기다. 준호는 대학 졸업 후 대기업에 입사하여 안정적인 직장에 다니고 있었지만, 일에 큰 의미를 느끼지 못하고 늘 허전함을 안고 살아갔다. 그러던 중 우연히 참여한 해외 봉사활동에서 그는 '교육의 기회조차 제대로 받지 못하는 아이들'을 보며 깊은 충격을 받았고, 자신이 진정으로 원하는 삶이 무엇인지에 대해 고민하기 시작했다. 며칠 동안 스스로에게 질문을 던지며 진지하게 생각한 끝에, 준호는 '교육을 통해 삶을 바꾸는 사람'이 되고 싶다는 비전을 세웠다. 그 비전을 실현하기 위해 그는 '5년 안에 국제 교육 NGO에서 일한다'는 목표를 세웠고, 이를 위해 구체적인 실행 계획을 작성했다. 매주 영어 회화 수업을 듣고, 매달 한 권씩 개발협력 관련 서적을 읽는 것을 시작으로, 주말마다 교육 봉사에 참여하며 실무 경험도 쌓아 나갔다. 그의 계획은 단기 목표와 장기 목표가 조화를 이루고 있었기 때문에, 바쁜 회사 생활 속에서도 꾸준히 동기를 유지할 수 있었다. 3년 후, 그는 마침내 회사를 그만두고 국제 NGO의 교육 프로젝트 팀에 합류하게 되었다. 지금은 아시아의 한 개발도상국에서 아이들의 교육 환경을 개선하는 일을 하며, 자신의 비전을 실제 삶으로 살아가고 있다. 준호 씨의 사례는 비전을 명확히 하고, 실현 가능한 목표를 세운 것이 어떻게 인생의 방향을 바꾸고, 지속 가능한 성취로 이어지는지를 보여준다. 막연했던 열망은 구체적인 계획과 행동으로 연결되었고, 그는 자신이 꿈꾸던 삶에 한 걸음 더 가까이 다가갈 수 있었다.

이 사례는 '비전을 구체화하고 목표를 분명히 하는 것'이 얼마나 강력한 삶의 추진력이 되는지를 타인의 경험을 통해 잘 설명해 준다.

🌷 마음 다지기

오늘 하루는 하나님께서 내게 주신 비전을 다시 묵상하며 구체적으로 정리해 보는 시간을 갖자. 막연한 꿈이 아니라 하나님의 인도하심 안에서 분명한 목표를 세울 때, 비전의 길은 더욱 선명해진다. 비전은 내가 스스로 만든 것이 아니라 하나님께서 내 삶에 허락하신 사명임을 기억하자. 작고 평범한 실천일지라도 그것이 하나님의 계획 안에 있다면 의미 있는 걸음이 된다. 날마다 기도로 하나님의 뜻을 구하며, 그분이 주신 비전을 향해 한 걸음씩 순종하며 나아가자. 그럴 때 비전은 희망이 되고, 믿음은 능력이 되어 삶에서 열매 맺게 될 것이다.

● 오늘 나의 실천

 : 시간을 현명하게 쓰는 삶의 기술

"시간이 곧 인생이다. 시간을 잘 활용하는 것이 인생을 잘 사는 것이다."

- 빌 게이츠

轉_클라이맥스

시간은 누구에게나 공평하게 주어진 자원이다. 하지만 그 시간을 어떻게 활용하느냐에 따라 삶의 방향과 질이 전혀 달라지기도 한다. 시간을 잘 활용한다는 것은 단순히 많은 일을 처리하는 것이 아니라, 자신이 중요하게 여기는 목표와 가치에 맞게 시간을 최적화하는 것이다. 이를 위해서는 먼저 자신의 삶에서 무엇이 우선순위인지를 명확히 하고, 그 중요한 일에 집중할 수 있는 능력을 기르는 것이 필요하다.

일상에서 수많은 업무와 책임에 쫓기며 살다 보면 진정으로 중요한 것들을 종종 놓치게 된다. 이런 상황일수록 우선순위를 정하는 일이 무엇보다 중요하다. 내가 해야 할 수많은 일 중에서 가장 중요한 것이 무엇인지, 그리고 그것을 어떻게 효율적으로 해낼 수 있을지를 깊이 고민해야 한다. 목표를 명확히 설정하고, 그 목표를 이루기 위해 필요한 시간과 에너지를 적절히 배분하는 것이 효율적인 시간 활용의 첫 번째 요소다.

두 번째로 중요한 요소는 시간 관리의 기술이다. 시간을 잘 활용하려면, 일정을 체계적으로 관리하고 각 업무에 필요한 시간을 정확히 파악하는 것이 중요하다. 일정표를 작성하거나 할 일 목록을 만들어 관리하는 것만으로도 큰 변화를 이끌 수 있다. 이렇게 함으로써 중요한 일을 놓치지 않고, 실수를 줄이며, 업무의 효율성도 자연스럽게 높일 수 있다.

세 번째 요소는 집중력이다. 아무리 좋은 계획을 세운다 해도 집중하지 못하면 시간을 낭비하기 쉽다. 여러 가지 일을 동시에 처리하거나, 외부의 방해를 허용하면 생산성은 떨어지기 마련이다. 집중력을 높이기 위해서는 몰입할 수 있는 환경을 조성하고, 자신이 무엇에 집중해야 하는지를 분명히 인식하는 것이 필요하다. 한 가지 일에 전념하는 자세야말로 시간을 가장 효율적으로 활용하는 방법이다.

마지막으로, 자기 돌봄의 중요성을 간과해서는 안 된다. 시간을 아무리 잘 관리한다 해도, 정작 자신의 건강과 마음을 돌보지 않으면 지속적인 성과를 내기 어렵다. 건강한 몸과 마음은 생산적인 삶을 유지하는 데 필수적인 요소다. 규칙적인 휴식과 수면, 운동, 정신적인 안정은 모두 시간 관리의 중요한 부분이다.

이러한 시간 활용의 중요성을 잘 보여주는 인물이 바로 19세기 말에서 20세기 초까지 철강 산업을 거대하게 발전시킨 앤드루 카네기다. 그는 당대에 크게 성공한 사업가 중 한 명으로, 그의 성공 뒤에는 놀라울 정도로 철저한 시간 관리 철학이 있었다. 그는 "나의 성공은 내가 시간을 어떻게 사용하는지에 달려 있다"라고 말했을 정도로 시간을 소중히 여겼다.

카네기는 하루의 일정을 철저히 관리하며, 매일 아침 자신이 해야 할 일을 구체적으로 계획하고 그 목적을 명확히 했다. 그는 업무를 2시간 단위로 나누어 그 시간에 최선을 다해 집중했고, 중요한 일에 에너지를 쏟는 방법을 잘 알고 있었다. 또한 그는 반드시 휴식 시간을 확보하며 자기 자신을 위한 시간도 놓치지 않았다. 독서, 사색, 자기 계발을 위한 시간을 꾸준히 활용한 그는 단순한 업무 처리 이상의 성과를 냈고, 사람을 관리하고 좋은 결정을 내리는 데도 탁월했다.

그는 "사람들은 시간을 적게 쓰고 일을 많이 하려 하지만, 진짜 중요한 일에는 시간을 투자해야 한다"라고 강조했다. 시간을 효율적으로 관리한 덕분에 그는 자신의 사업을 빠르게 확장할 수 있었고, 결국 전 세계적으로 존경받는 인물이 되었다.

결국 시간은 단순히 흘러가는 것이 아니라, 내가 어떻게 쓰느냐에 따라 내 삶을 이루는 가장 중요한 자원이 된다. 시간을 소중히 여기고 주도적으로 활용하려는 자세가 있다면 누구나 좀 더 풍요롭고 의미 있는 삶을 만들어 갈 수 있다.

🌷 마음 다지기

오늘 하루는 하나님께서 내게 허락하신 '시간'이라는 선물을 어떻게 사용할지에 대해 깊이 생각해 보자. 시간은 누구에게나 공평하게 주어졌지만, 그것을 어떻게 쓰느냐에 따라 삶의 열매는 달라진다. 주어진 시간을 그냥 부지런히만 보내는 것이 아니라, 하나님의 뜻에 합당하게 사용하고 있는지 점검하자. 하나님께 영광이 되는 일, 사랑을 실천하는 일, 말씀을 묵상하고 기도하는 일에 시간을 사용한다면 그 하루는 절대로 헛되지 않을 것이다. 오늘도 성령의 인도하심을 따라 하나님이 보시기에 중요한 일에 집중하고, 의미 있는 시간으로 하루를 채워 가자. 그럴 때 우리는 주님 안에서 더 풍성한 삶의 열매를 맺을 것이다.

● 오늘 나의 실천

....

....

水 : 가치 있는 일에 에너지 투자하기

"자기 발전은 평생을 두고 이루어지는 최고의 투자다."

- 데일 카네기

인생에서 가장 중요한 투자는 단순한 금융적 이익을 위한 투자나 물질적인 자원을 투입하는 것이 아니다. 진정으로 의미 있는 투자는 자신의 시간, 에너지 그리고 마음을 어디에 쏟을 것인지에 대한 선택에 달려 있다. 이 선택은 우리 삶의 방향과 의미를 결정짓는 중요한 기준이 되기 때문에, 우리는 이 투자를 신중하고 현명하게 관리해야 한다.

가장 가치 있는 투자는 바로 자기 자신에게 하는 투자다. 자신을 발전시키기 위해 시간과 에너지를 쏟는 일은 결코 헛된 일이 아니며, 오히려 지속적인 성장과 발전을 이끌어 낸다. 자기 계발을 위한 독서와 학습, 새로운 기술을 배우는 노력, 정신적·심리적 건강을 돌보는 일 등은 모두 자신에게 투자하는 대표적인 방법이다. 자신을 위한 시간은 곧 자신을 더 나은 사람으로 만들어 주며, 그로 인해 더 많은 기회를 맞이하게 된다.

또한 좋은 인간관계에 대한 투자 역시 매우 중요하다. 인간은 사회적 존재며, 삶의 질은 결국 주변 사람들과의 관계에서 결정되는 경우가 많다. 가족, 친구, 동료들과 진정성 있는 관계를 유지하고 가꾸는 일은 우리의 행복과 정서적 안정에 큰 영향을 준다. 어려운 순간일수록 우리가 의지할 수 있는 사람들의 존재는 큰 힘이 되며, 그러한 관계를 위해 시간과 노력을 들이는 것은 삶을 더욱 풍성하고 의미 있게 만든다.

건강에 대한 투자 또한 결코 소홀히 해서는 안 된다. 건강은 우리가 가진 가장 기본적이고 소중한 자산이며, 삶의 모든 영역에 영향을 미친다. 규칙적인 운동, 균형 잡힌 식사, 충분한 휴식과 수면은 신체적 건강뿐 아니라 정신적 건강을 지키는 데도 필수적인 요소다. 많은 사람이 건강을 잃고 나서야 그 소중함을 깨닫지만, 미리 예방하고 관리하는 것이야말로 진짜 건강에 대한 투자라고 할 수 있다.

마지막으로, 타인을 돕고 사회에 긍정적인 영향을 미치는 데 시간을 투자하는 것 또한 중요한 삶의 자세다. 다른 사람을 위한 나눔과 배려는 행복과 내면의 만족감을 가져다준다. 이러한 삶의 방식은 우리가 나 자신을 넘어 세상과 연결되어 있다는 감각을 키우고, 진정한 의미에서의 성장으로 이어진다. 자기 자신을 위한 투자에서 시작된 노력이 타인을 향한 영향력으로 확장될 때, 우리는 더욱 가치 있는 인생을 살아갈 수 있다.

직장인 이수현(가명) 씨 이야기다. 수현 씨는 한때 삶이 반복되고 의미 없게 느껴졌다. 매일 회사와 집을 오가는 일상 속에서 몸과 마음이 지쳐갔고, 미래에 대한 불안도 커졌다. 그러던 어느 날, 그는 '진짜 중요한 일에 에너지를 써야 한다'는 말을 듣고 삶을 다시 돌아보게 되었다. 그는 먼저 자기 자신에게 투자하기로 마음먹고, 매일 30분씩 독서와 영어공부를 시작했다. 꾸준히 학습한 덕분에 새로운 프로젝트에 참여할 기회를 얻었고, 자신감도 회복되었다. 동시에 건강을 챙기기 위해 운동을 시작하고 식습관을 개선하자, 몸이 가벼워지고 에너지도 생겼다. 이후에는 인간관계에도 시간과 마음을 쏟았다. 주말에는 부모님과 시간을 보내고, 오랜 친구들과 연락을 이어가며 정서적으로 안정감을 얻었다. 마지막으로, 그는 소외 아동을 위한 온라인 봉사활동에도 참여하며 타인을 위한 나눔을 실천했다.

이수현 씨는 말한다.

"무엇에 에너지를 쓰느냐에 따라 인생이 바뀐다는 걸 이제야 알았습니다."

그의 이야기는 우리에게 진짜 투자는 '자기 자신과 주변, 그리고 세상'을 위한 선택에서 시작된다는 사실을 보여준다.

🌷 마음 다지기

오늘 하루는 내가 하나님 안에서 진정으로 가치 있는 것에 삶을 투자하고 있는지 깊이 돌아보자. 세상은 눈에 보이는 물질과 성과에 집중하라고 말하지만, 하나님께서 귀히 여기시는 것은 믿음, 사랑, 순종과 같은 영적인 열매다. 이러한 영원한 가치는 우리 내면의 성숙과 하나님과의 관계, 그리고 이웃을 사랑하는 삶에서 비롯된다. 이 땅에서의 시간은 유한하지만, 주 안에서의 삶은 영원하다. 오늘은 말씀과 기도로 내 영혼을 돌보고, 사랑과 섬김으로 이웃과의 관계를 가꾸며, 하나님 나라를 위한 삶에 더욱 집중하자. 진정한 투자는 하늘에 보화를 쌓는 것임을 기억하며 살자.

● 오늘 나의 실천

_____

_____

 : 어려움 속에서 희망을 찾는 힘

"어둠을 두려워하지 마라. 그것은 빛을 더 잘 볼 수 있게 해준다."
- 로버트 헤일리

인생의 여정은 언제나 밝고 순탄하지만은 않다. 누구나 자신의 삶에서 어둠을 마주하게 된다. 예기치 못한 시련이나 고난이 닥칠 때, 우리는 마치 끝없는 어둠 속에 갇힌 듯한 느낌을 받는다. 그러나 바로 그 어둠 속에서 우리는 빛을 찾아야 한다. 그 빛은 외부의 조건이나 환경이 아니라, 우리의 내면 깊은 곳에서부터 시작된다. 어둠을 마주한 순간, 가장 중요한 것은 우리가 그 어둠을 어떻게 바라보는가이며, 또 그 속에서 어떻게 빛을 찾아 나가는가 하는 것이다.

이러한 사실을 잘 보여주는 이야기가 있다. 김민수(가명)라는 한 청년의 인생에 펼쳐진 진정한 용기에 관한 이야기다. 민수는 어릴 적부터 가정 형편이 매우 어려웠다. 가난은 그의 삶에 깊은 그림자를 드리웠고, 그는 어린 나이에 가족의 생계를 돕기 위해 일을 해야 했다.

당연히 학교도 제대로 다니지 못했고, 먹을 것이 부족한 날이 많았으며, 미래는 늘 불투명하게만 보였다. 이러한 환경에서 민수는 삶에 대한 희망을 점점 잃어 가고 있었다.

그러던 어느 날, 그는 신문을 통해 우연히 장학금 프로그램을 알게 되었다. 그 장학금은 경제적 어려움에서도 학업을 이어 가려는 학생들에게 주어지는 희망의 기회였다. 민수는 그 기회를 결코 놓칠 수 없다고 생각했고, 자신의 인생을 바꾸기 위한 절실한 첫걸음으로 삼았다. 하지만 그의 상황은 장학금을 받기 위한 기본적인 조건조차 충족시키기 어려웠다. 그럼에도 그는 포기하지 않았다. 그가 할 수 있는 유일한 방법은 노력뿐이었다.

민수는 밤늦게까지 책을 읽고, 공부에 집중했다. 스스로에게 필요한 자료를 찾아 학습하며, 하나하나 준비해 나갔다. 모두가 잠든 밤, 그는 조용히 책상 앞에 앉아 자신의 미래를 향한 씨앗을 심었다. 반복된 노력과 인내의 시간이 흐르면서, 그는 점점 자신감을 되찾았다. 점차 자신을 믿게 되었고, 자신의 가능성에 눈을 뜨기 시작했다. 그 결과 민수는 마침내 장학금을 받게 되었고, 그것을 계기로 대학교에 진학하는 데 성공했다. 그는 단지 학업의 기회를 얻은 것뿐 아니라, 자신의 삶을 바꾸는 힘이 자신 안에 있다는 사실을 깨달았다. 그 어두웠던 시간은 결국 그를 더욱 강하게 만들었고, 그는 빛을 향해 나아가는 법을 몸소 보여준 인물이 되었다.

이처럼 인생의 어둠은 피할 수 없는 현실일 수 있지만, 그 어둠 속에서 빛을 찾고자 하는 태도야말로 우리를 성장시키는 진정한 힘이다. 민수의 이야기는 우리 모두가 삶의 어느 시점에서 마주할 수도 있는 어둠 속에서 어떻게 희망을 발견할 수 있는지를 잘 보여준다.

轉_클라이맥스

🌷 마음 다지기

오늘 하루, 하나님의 빛을 향해 나아가려는 믿음의 의지를 새롭게 하자. 때로 인생이 어둡고 불확실하게 느껴질지라도, 그 속에서도 우리를 인도하시는 하나님의 손길은 분명히 존재한다. "주의 말씀은 내 발에 등이요 내 길에 빛이니이다"라는 시편의 고백처럼, 하나님의 말씀 안에서 우리는 희망의 빛을 발견할 수 있다. 어둠이 짙을수록 그 빛은 더욱 선명하게 다가온다. 오늘도 주님의 인도하심을 신뢰하며 그분의 빛을 따라 한 걸음씩 믿음으로 나아가자.

● 오늘 나의 실천

....

....

 : 나만의 가치를 더욱 빛나게 하기

"자신을 존중하는 사람만이 타인에게 진정한 존경을 받을 수 있다."
- 카를 융

자신의 가치를 제대로 이해하고 그것을 세상에 드러내는 일은 매우 중요하다. 우리가 타인에게 보여주는 모습은 곧 우리의 내면을 반영하기 때문에, 자신감을 갖고 자신의 가치를 명확히 인식하고 표현하는 자세가 필요하다. 자신을 소중히 여기고 자신의 가치가 얼마나 크고 의미 있는지를 확신하는 것은 행복한 삶을 위한 첫걸음이기도 하다.

자신의 가치를 돋보이게 한다는 것은 단지 외적으로 멋지게 보이기 위해 애쓴다는 뜻이 아니다. 그것은 내면의 깊은 성찰과 자기 존중을 통해 자신의 고유한 가치를 인식하고 드러내는 과정이다. 우리는 종종 무의식 중에 타인의 시선을 의식하며 살아가지만, 자신의 가치를 정확히 알고 있을 때는 외부의 평가에 휘둘리지 않고 스스로의 빛을 잃지 않는다.

사람들은 흔히 '다른 사람들에 비해 나는 왜 이렇게 부족할까?' 하며 비교의 늪에 빠지기도 한다. 그러나 비교는 자신의 가치를 증명하는 올바른 방법이 아니다. 중요한 것은 자신의 고유한 장점과 가능성을 깨닫고 그것을 실현하기 위한 노력을 멈추지 않는 것이다. 자신만의 가치를 명확히 이해하고 그것을 어떻게 세상에 표현할지를 고민하는 것이, 곧 나를 더욱 빛나게 하는 첫 번째 열쇠다.

이와 같은 사실을 잘 보여주는 사례가 있다. 바로 은지(가명)라는 한 여성의 이야기다. 그녀는 어린 시절 불우한 가정환경에서 많은 어려움을 겪으며 성장했다. 부모의 이혼과 경제적인 어려움은 그녀에게 큰 상처로 남았고, 그녀는 점차 자신의 가치를 잃어가며 자신을 한낱 불행한 존재로 여기게 되었다. 친구들 사이에서 늘 자신만 부족하다고 느꼈고 '나는 왜 다른 사람들처럼 잘할 수 없을까'라는 생각에 빠져 있었다.

그러던 중 은지는 우연히 자원봉사 활동에 참여하였고, 이 경험이 그녀의 인생을 바꾸는 전환점이 되었다. 사회복지 시설에서 아동을 돌보는 일을 하면서, 그녀는 아이들에게 자신의 따뜻한 마음과 배려심을 자연스럽게 전달할 수 있었다. 처음에는 그저 작고 평범한 행동이라고 생각했던 일들이 아이들에게는 큰 위로와 힘이 되었고, 그녀는 그 과정을 통해 자신이 지닌 장점이 얼마나 가치 있는지를 깨달았다.

이 경험은 그녀에게 큰 자각을 안겨 주었고, 이후 그녀는 자신의 가치를 인정하며 살기 시작했다. 학업에 열중하며 더 나은 자신을 만들기 위해 노력했고, 사람들과의 관계에서도 자신의 따뜻함과 배려심을 자연스럽게 표현하며 긍정적인 영향을 끼쳤다. 결국 그녀는 대학을 졸업한 후 사회복지사의 길을 걷게 되었고, 많은 이에게 희망과 용기를 주는 존재로 성장했다.

은지의 이야기는 우리가 자신의 가치를 어떻게 인식하고, 어떻게 세상에 드러내는지가 얼마나 중요한지를 잘 보여준다. 우리는 그녀의 이야기를 통해 자신의 고유한 빛을 믿고 그 빛을 세상에 비추는 것이야말로 진정한 삶의 시작임을 다시 한번 깨닫게 된다.

🌷 마음 다지기

오늘 하루는 하나님께서 나를 창조하시며 허락하신 그 고유한 가치를 다시 한번 깊이 되새겨 보자. 나는 우연한 존재가 아니라, 하나님의 형상대로 지음 받은 존귀한 존재다. 혹 세상의 평가나 비교가 나를 흔들 수는 있지만, 하나님 안에서의 나의 정체성은 변하지 않는다. 하나님은 나를 누구보다 잘 아시며, 있는 모습 그대로 사랑하신다. 그러므로 나 자신을 향한 믿음과 사랑은 곧 하나님의 사랑에 대한 믿음에서 시작된다. 오늘도 나의 삶에서 하나님이 주신 은사와 강점을 발견하고, 그분의 뜻에 따라 자신감을 회복해 가자. 내 가치는 하나님 안에서 이미 충분히 빛나고 있음을 기억하자.

● 오늘 나의 실천

土 : 삶의 품격을 높이는 자기 관리 습관

"성공은 당신이 가장 잘 관리하는 부분에서 온다."

- 존 맥스웰

삶의 품격을 높이는 자기 관리는, 단순한 외적인 성취에 그치지 않고 내면의 성장을 이루는 중요한 과정이다. 자기 관리란 자신의 감정, 사고, 시간, 건강 그리고 인간관계를 균형 있게 다루는 것으로부터 시작된다. 특히 바쁘고 빠르게 돌아가는 현대 사회에서 자신을 돌보는 일은 결코 쉬운 일이 아니다. 그러나 스스로에게 시간을 투자하고 자신을 아끼는 자세야말로 궁극적으로 품격 있는 삶을 만드는 기반이 된다.

자기 관리는 자기 존중에서 출발한다. 자신을 존중하고 돌보지 않으면, 타인도 나를 존중하지 않는다. 자기 관리의 첫걸음은 자신이 어떤 사람인지, 무엇을 원하는지 그리고 어떻게 살아가야 하는지를 명확히 인식하는 것이다. 이러한 자기 인식을 바탕으로 매일을 계획하고, 그 계획에 따라 실천해 나가는 것이 자기 관리의 실질적인 시작점이다.

유진(가명) 씨의 사례는 이러한 자기 관리의 중요성을 잘 보여준다. 그는 직장에서 성공을 위해 늘 열심히 일해 왔지만, 그 과정에서 체력과 마음의 여유를 잃어 가고 있었다. 그러던 중 과도한 업무와 스트레스로 몸과 마음이 동시에 지쳐 있다는 사실을 자각하였고, 이로 인해 자기 관리의 필요성을 다시금 절실히 느꼈다. 그 후 유진 씨는 매일 일정 시간을 운동과 기도(명상)에 투자하고, 식사와 수면 습관에도 세심한 주의를 기울이기 시작했다. 이러한 작은 변화들이 쌓이면서 그는 점차 더 건강하고 만족스러운 삶을 살아가게 되었으며, 직장 내 성과 역시 자연스럽게 좋아졌다. 또한 가족과의 관계도 더욱 돈독해지며 삶의 질이 전반적으로 향상되었다.

또 다른 사례로, 정우(가명) 씨는 바쁜 직장 생활로 인간관계에 소홀해지며 종종 외로움과 관계의 어려움을 겪었다. 사람들과 좋은 관계를 유지하고 싶었지만, 업무에 치이다 보니 주변 사람들과의 소통이 단절되곤 했다. 그러나 그는 자신의 인간관계를 더는 방치할 수 없다고 판단하고, 의도적으로 친구나 가족과의 시간을 자신의 일정에 포함시키기로 결심했다. 주기적으로 사람들과 만나 소통하며 정우 씨는 정서적인 안정과 위안을 얻게 되었고, 이러한 긍정적인 관계가 결국 삶의 품격을 높이는 데 큰 영향을 준다는 사실을 깨달았다.

이처럼 자기 관리는 단순히 몸을 챙기거나 일의 효율을 높이는 것에 그치지 않는다. 그것은 자신의 삶을 존중하고 스스로를 아끼는 태도며, 자신과 타인 모두에게 더 나은 영향을 미치기 위한 중요한 삶의 전략이다. 진정한 품격 있는 삶은 바로 이러한 자기 관리에서 비롯된다.

마음 다지기

오늘 하루는 하나님께서 내게 맡기신 삶을 어떻게 돌보고 있는지 깊이 생각해 보자. 하나님은 나의 몸과 마음을 귀하게 여기시며, 바쁜 일상에서도 내가 스스로를 잘 돌보기를 원하신다. 자신을 돌보는 것은 이기적인 것이 아니라, 하나님의 창조물을 소중히 여기는 신앙의 표현이다. 내일을 더 성숙한 믿음으로 살아가려면 오늘 어떻게 하나님의 뜻 안에서 자신을 관리하는지가 중요하다. 작은 순종과 절제가 모여 하나님께 영광 돌리는 삶이 된다는 사실을 기억하며, 오늘도 정직하고 성실하게 살아가자.

● 오늘 나의 실천

9단계 Decision

선택의 힘, 삶의 방향을 정하다

우리는 매일 수많은 선택 앞에 선다. 그 선택들이 모여 우리의 삶을 만들고, 나아갈 방향을 정하게 된다. 결단이란 단순히 빠르게 결정하는 것이 아니라, 스스로의 선택에 책임지고 끝까지 밀고 나가는 태도다. 결단력 있는 사람은 흔들림 속에서도 자신이 정한 길을 믿고 한 걸음씩 나아간다. 선택의 힘은 삶의 갈림길에서 방향을 정해주고, 나의 가능성을 현실로 이끄는 원동력이 된다. 선명한 선택과 단단한 결단이 있을 때 삶은 더는 방황이 아닌, 목적지로 향하는 여정이 된다.

月 : 나만의 브랜드 만들기

"남들이 말하는 대로 살지 말고 당신만의 길을 찾으라."

― 존 레논

자신을 브랜드로 만든다는 것은, 단순히 개인적인 이미지를 형성하는 것을 넘어 자신의 가치와 비전, 핵심 역량을 세상에 표현하는 중요한 과정이다. 현대 사회에서는 각자가 독특한 정체성을 구축하는 일이 매우 중요하다. 경쟁이 치열한 세상에서 살아남기 위해서는 자신만의 차별화된 특성을 분명히 보여주는 것이 필요하다. 이는 단순히 외적인 모습을 의미하는 것이 아니라, 내면적인 가치와 삶의 철학을 통해 사람들에게 영향력 있는 메시지를 전달하는 것을 의미한다.

자기만의 브랜드를 만들기 위한 첫 번째 단계는 자신을 깊이 이해하는 것이다. 자신이 무엇을 좋아하고, 어떤 가치를 추구하며, 무엇을 잘하는지를 정확히 아는 것이 중요하다. 자신만의 특성을 발견하면, 그 특성을 바탕으로 세상에 필요한 존재로 자리매김할 수 있다.

또한 지속적인 자기 계발과 성장이 필수적이다. 브랜드는 한 번 만들어졌다고 해서 끝나는 것이 아니다. 변화하는 시대에 맞춰 끊임없이 배우고 발전하며, 새로운 경험과 도전으로 성장하는 것이 중요하다. 시간이 지남에 따라 자신만의 고유한 브랜드가 깊이와 진정성을 갖게 되는 과정이기 때문이다.

소통 또한 중요한 요소다. 나만의 브랜드가 무엇을 의미하는지, 사람들이 나를 어떻게 이해하고 느낄지에 대해 지속적으로 소통해야 한다. 인터넷과 소셜 미디어 같은 플랫폼을 잘 활용하면 자신만의 브랜드를 세상과 널리 공유할 수 있다. 하지만 그 소통은 진실된 마음으로 이루어져야 하며, 단기적인 성공보다는 지속적인 신뢰를 구축하는 것이 중요하다.

자기만의 브랜드를 만들 때는 자기 확신과 자신감이 핵심이다. 다른 사람들의 의견에 휘둘리기보다는 자신만의 고유한 길을 걸어가야 한다. 그 길이 때로는 외롭고 힘들겠지만, 자신만의 브랜드가 가진 차별화된 힘은 결국 세상에 큰 가치를 전할 수 있다.

스티브 잡스는 자기만의 브랜드를 확고하게 구축한 대표적인 인물이다. 항상 혁신적인 사고와 창의성을 중시했던 그는 그런 정신으로 애플을 창립하고 발전시켰다. 그의 브랜드는 단순히 애플이라는 기업에 국한되지 않고, 혁신적인 아이디어와 변화를 선도하는 아이콘으로 자리매김했다. 그가 남긴 가장 큰 유산은 기술에 대한 새로운 접근법과 사람들에게 깊은 영감을 주는 브랜드다.

어느 작은 마을에서 자라난 김선영(가명) 씨는 항상 다른 사람들과 비슷하게 살아야 한다는 압박감을 느꼈다. 그녀는 자신이 무엇을 잘하고 어떤 분야에서 특출난 능력을 가졌는지 알지 못했으며, 늘 남들과 비교하며 자신을 낮추었다. 그러던 중 어느 날 우연히 읽은 책에서 '자기만의 브랜드를 만들라'는 문구를 보았다. 그 순간 그녀는 자신이 그동안 놓쳤던 중요한 사실을 깨달았다.

자신의 고유한 경험과 가치를 세상에 전달하는 것이 중요하다는 사실을 알게 된 김선영 씨는, 그동안의 경험을 바탕으로 사람들에게 상담과 조언을 해줄 수 있다는 자신감을 갖게 되었다. 그녀는 상담 전문가로서 자신만의 브랜드를 구축하기 시작했고, 소셜 미디어와 블로그를 통해 자신이 가진 노하우를 나누며 사람들과 소통했다. 시간이 지나면서 그녀는 상담 분야에서 많은 사람에게 인정받았고, 결국 그것은 그녀만의 브랜드로 자리 잡았다.

김선영 씨는 이제 자신만의 브랜드를 바탕으로 자신의 가치와 철학을 사람들에게 전하고 있다. 그녀는 자신을 남들과 비교하지 않고, 자기만의 길을 걷는 리더가 되었다. 그녀의 변화된 모습은 많은 이에게 영감을 주었으며, 그녀는 자기 확신을 가지고 자신의 길을 걷는 것의 중요성을 몸소 보여주었다.

🌷 마음 다지기

오늘 하루는 하나님께서 나에게 허락하신 고유한 정체성과 사명을 깊이 묵상해 보자. 세상의 기준이나 타인의 기대에 나를 맞추려 하는 것보다, 하나님께서 부여하신 나만의 특별한 색과 가치를 발견하는 것이 진정한 삶의 시작이다. 나만의 브랜드는 세상에서 돋보이기 위한 수단이 아니라, 하나님의 형상대로 지음 받은 존재로서 그분의 뜻을 드러내는 통로다. 오늘도 하나님께서 나에게 주신 은사와 장점을 통해 나만의 색깔을 세상에 표현하며, 그 안에서 나를 향한 하나님의 계획이 이루어지기를 기대하자.

● 오늘 나의 실천

 : 나 자신에게 아낌없이 투자하기

"성공적인 사람은 자신을 먼저 돌보고, 그 후에 다른 사람을 돌아본다."

- 비욘세

자기 자신에 대한 투자는 단순히 돈이나 물질적인 측면에 국한되지 않는다. 그것은 마음과 정신, 시간과 에너지를 포함한 총체적인 자기 관리의 과정이다. 우리는 자신의 삶을 이끌어 가는 주체로서, 자신의 가치를 높이고 더 나은 방향으로 성장하기 위해 끊임없이 투자해야 한다. 자기 자신에게 투자하는 것은 결국 내면의 힘을 키우는 일이자, 미래의 가능성을 확장하는 길이다.

자기 자신에 대한 투자는 자기 계발과 지속적인 학습으로 이어진다. 책을 읽거나 강의를 듣거나 새로운 기술을 배우는 등 다양한 방법으로 자신을 발전시키는 일은 자신에게 주는 가장 중요한 선물이다. 비록 단기적으로 눈에 띄는 결과가 없더라도 시간이 흐르면 내면의 능력이 점차 드러나게 된다. 또한 자신의 건강과 체력을 관리하는 것도 중요한 투자다. 건강한 몸과 마음이 있어야만 지속 가능한 성장과 목표 달성이 가능하기 때문이다.

이와 함께 자기 존중과 자기 확신을 키우는 것도 자기 투자에 포함된다. 우리가 자신을 얼마나 사랑하고 존중하는지에 따라 외부 세계와의 관계나 사회적 성공도 달라진다. 자기 존중을 통해 우리는 더 큰 자신감을 갖고 목표를 향해 나아갈 수 있다. 그 과정에서 작은 성취와 진전을 인식하고 자축하는 것이 중요하다. 자신에게 상을 주고 조금씩 나아가는 성과를 인정하는 것이 바로 자기 투자다.

하지만 자기 자신에 대한 투자가 항상 쉬운 것만은 아니다. 많은 사람이 자기 자신에게 투자하는 것을 후순위로 미루면서, 자신의 꿈을 좇기보다는 타인의 기대와 요구에 맞추느라 자기 자신을 돌볼 시간이 부족함을 느낀다. 그러나 우리는 다른 사람에게 주는 것만큼 자신에게도 충분히 투자하는 것이 필요하다. 자기 자신이 충만해야 다른 사람을 돕고 세상을 변화시키는 데 필요한 에너지와 능력을 지닐 수 있기 때문이다.

김진수(가명) 씨는 평범한 직장인이었다. 그는 삶이 항상 만족스럽지 않았다. 매일 같은 일에 지치고, 남들의 기대에 맞추느라 자주 자기 자신을 무시하며 살아갔다. 그러던 어느 날 그는 문득 자기 자신을 돌보지 않으면 안 되겠다는 생각이 들었다. 그때부터 그는 자기 계발을 위한 투자를 시작했다. 우선 직장에서 일하는 데 필요한 책뿐 아니라 자기 계발 서적을 읽었고, 매일 30분씩 운동하며 몸을 단련했다. 또한 정신적인 건강을 위해 명상과 자기 성찰의 시간을 가졌다.

처음에는 작은 변화에 불과했지만 점차 자신감이 생기기 시작했다. 그리고 자신의 꿈과 목표를 구체화하여 그것을 향해 나아가기로 결심했다. 그가 투자한 시간과 노력이 단기적으로는 보상받지 못했지만, 몇 년 후 그는 직장에서 더 높은 직책을 맡았고, 그 과정에서 얻은 지식과 경험은 그를 인생의 주도권을 쥔 사람으로 만들었다.

轉_클라이맥스

이제 그는 자신의 경험을 다른 사람들과 나누기 위해 강연을 하거나, 멘토링을 통해 자기 계발의 중요성을 전하고 있다. 김진수 씨는 자신의 삶에 대한 책임을 다하며 끊임없이 자신을 업그레이드한 결과, 현재 성공적인 삶을 살아가고 있다.

🌷 마음 다지기

오늘 하루는 하나님께서 내게 주신 몸과 마음의 강건함에 삶을 투자하는 것에 대해 생각해 보자. 우리는 세상의 좋은 것에 쉽게 마음을 빼앗기지만, 하나님은 우리 각자가 자신을 사랑하고 돌보며 성장하기를 원하신다. 영혼의 평안과 몸의 건강, 그리고 신앙 안에서의 꾸준한 성장은 하나님께서 주신 귀한 선물이다. 나 자신을 돌보고 하나님의 뜻 안에서 자라가는 시간은 절대로 헛되지 않다. 오늘도 하나님 앞에서 나를 소중히 여기며 몸과 마음의 강건함을 위해 충실히 삶을 투자하자.

● 오늘 나의 실천

_____

_____

水 : 주도적으로 배우고 성장하기

"학습은 단순히 학교에서 끝나는 것이 아니라, 평생 지속되어야 한다."

- 알베르트 아인슈타인

자기 주도 학습은 이제 선택이 아닌 필수가 되었다. 학습은 단지 학교에서 끝나는 것이 아니라, 자신의 삶을 더욱 풍요롭고 의미 있게 만드는 지속적인 과정이다. 과거에는 누군가가 일방적으로 정보를 주면 그것을 그대로 받아들이는 수동적인 학습자가 많았다. 그러나 지금은 자신이 원하는 것을 스스로 선택하고 실천하는 주체적인 학습이 더욱 중요해졌다.

자기 주도 학습의 핵심은 자신이 무엇을 배울 것인지, 어떤 목표를 가지고 학습할 것인지를 스스로 결정하는 데 있다. 교육이 교실 안에서만 이루어지는 것이 아니라, 언제 어디서나 정보를 얻고 그것을 자신의 삶에 적용하는 방식으로 발전하고 있기 때문이다. 따라서 자기 주도 학습은 단순히 책을 읽거나 강의를 듣는 것을 넘어, 내가 주도하여 나만의 학습 시스템을 만들고 거기서 얻은 지식을 통해 삶을 변화시키는 과정이다.

자기 주도 학습에서 중요한 것은 목표 설정이다. 목표를 명확하게 세우면 그 목표를 이루기 위한 구체적인 방법을 자기 주도적으로 찾고 실천할 수 있다. 또한 학습 과정에서 실패와 어려움을 겪더라도 포기하지 않고 계속 시도하는 태도가 필요하다. 이는 단순히 지식을 쌓는 것 이상의 가치가 있다. 스스로 성취감을 느끼고 성장하는 자신을 발견할 수 있기 때문이다.

빌 게이츠는 어린 시절부터 컴퓨터와 프로그래밍에 큰 관심이 있었지만, 그가 다니던 학교에서는 당시 최신 기술에 대한 교육을 받기 어려웠다. 그럼에도 그는 자기 주도적으로 학습을 시작했다. 학교에서 배운 내용뿐 아니라 자신이 흥미를 느끼는 분야와 관련된 다양한 책과 자료를 찾아 지식을 넓히는 등 독학을 했다. 결국 빌 게이츠는 자신의 아이디어와 배운 지식을 바탕으로 마이크로소프트를 창립했고, 세상을 변화시키는 기술을 개발했다. 그는 학교에서 배운 교과서적인 지식 습득이 아닌 자기 주도 학습을 통해 자신만의 길을 개척한 인물이다.

자기 주도 학습의 장점은 다음과 같다. 첫째, 자신의 관심사에 맞는 학습을 스스로 선택할 수 있어 더 큰 동기가 부여되며, 자신이 진짜 원하는 분야에서 깊이 있는 지식을 쌓을 수 있다. 둘째, 학습의 속도와 방향을 자신이 정하기 때문에 효율적인 학습이 가능하다. 셋째, 학습 과정에서 겪는 어려움은 문제 해결 능력을 향상시키며, 스스로 해결책을 찾고 실패를 경험하면서 성장할 수 있다. 넷째, 자신이 세운 목표를 이루기 위해 스스로 학습하고 성취했을 때 느끼는 성취감은 자신감과 자존감을 크게 높여, 더 큰 목표를 향한 동기를 부여하게 된다. 마지막으로, 자기 주도 학습을 통해 평생 학습의 중요성을 깨닫고 변화하는 세상에 적응할 수 있는 능력을 기를 수 있다.

🌷 마음 다지기

오늘 하루는 나의 배움과 성장에 대한 주도권이 나에게 있음에 관해 다시 생각해 보자. 배움과 성장에서 외부의 환경이나 사람을 의존하기보다, 하나님이 주신 지혜와 은혜를 받아들이고 스스로 배우려는 마음가짐이 중요하다. 하나님의 도우심을 구하며, 주체적으로 배우고 성장하기로 결단하자. 그 과정에서 하나님께서 주시는 지혜와 힘을 경험하며 신앙 안에서 더욱 자라갈 것이다. 매일 조금씩 주도적으로 배우며 하나님이 인도하시는 나만의 길을 걸어가자.

● 오늘 나의 실천

_____

_____

 : 멈추지 않는 성장을 위한 습관

"진정한 성장은 과거의 나를 넘어서려는 끊임없는 도전에서 비롯된다."

- 스티브 잡스

    지속적인 성장은 개인의 삶에서 매우 중요한 요소 중 하나다. 우리는 살아가면서 누구나 도전과 변화의 시기를 거치는데, 성장은 단순히 외적인 목표를 달성하는 것을 넘어 내면의 변화와 성숙을 의미한다. 성장은 일회성의 사건이 아니라 평생에 걸쳐 지속되어야 하는 과정이다. 이는 자기 자신을 발전시키고 세상과의 관계에서 더 깊은 의미를 찾기 위해 끊임없이 노력하는 과정이라 할 수 있다.

성장은 마음가짐에서 시작된다. 먼저 자신의 능력과 한계를 인정하는 것이 중요하다. '나는 부족하다'라고 생각하기보다 '나는 성장할 수 있다'는 믿음을 갖는 것이 필요하다. 끊임없이 배우고, 실수와 실패를 두려워하지 않으며, 또 그것을 성장의 기회로 삼을 수 있는 열린 마음이 바로 성장의 첫걸음이다.

과거의 실패나 어려움에 갇혀 현재의 성장을 이루지 못하는 사람이 많다. 그러나 중요한 것은 과거의 경험을 현재의 기회로 바꾸는 일이다. 실패는 단지 배움의 기회일 뿐이며, 그것이 끝이 되어서는 안 된다. 자신에게 주어진 문제를 해결하며 배우고, 점차 그 문제를 다룰 능력을 갖추는 것이 진정한 성장이다. 또한 실패와 어려움 속에서도 긍정적인 마음가짐을 유지하는 것이 필요하다.

지속적인 성장을 위해서는 명확한 목표를 세우는 것도 중요하다. 목표는 단기적인 성취에 머무르지 않는 장기적인 것이어야 한다. 그럴 때 조금씩 차근차근 나아가면서 자신감을 키우고, 더 큰 목표를 향해 꾸준히 전진할 수 있다. 이때 목표에만 집착하기보다 과정에서의 의미와 성취감을 중요시하는 태도가 더 큰 성장을 이끌어 낸다.

지속적인 성장은 또한 주변 사람들과의 관계에서 이루어진다. 타인의 조언과 피드백을 통해 더 나은 방향으로 나아갈 수 있으며, 함께 성장하는 사람들과 네트워크를 형성하는 것 역시 큰 도움이 된다. 혼자 성장하는 것보다 함께 성장하는 과정에서 얻는 배움이 훨씬 크고 값지기 때문이다.

어떤 젊은이가 있었다. 그는 어려운 가정환경에서 자라나 늘 부족함을 느끼며 살아왔다. 학교 성적도 좋지 않았고, 자기 자신에 대한 자신감도 없었다. 그러나 그는 끊임없이 성장하고자 하는 의지를 품었다. '이대로 살 수는 없다'는 마음으로 자기 계발서를 읽고 다양한 강의를 들으며 변화를 시도했다.

그의 첫 번째 목표는 더 나은 사람이 되는 것이었다. 이를 위해 매일 아침 30분씩 독서를 하고, 하루에 한 번 자신을 돌아보는 시간을 가졌다. 시간이 흐르면서 그는 점차 자신감을 얻었고, 이전보다 훨씬 긍정적인 사람으로 변해 갔다. 그러던 중 그는 중요한 일자리를 제안받았고, 과거의 자신을 넘어 직장에서 큰 성과를 이루었다. 하지만 그는 성공이 끝이 아님을 깨달았다. 그는 계속해서 성장하기를 원했고, 더 넓은 세상에서 다른 사람들을 도울 기회를 찾았다.

결국 그는 자신의 경험을 바탕으로 강연자이자 멘토로 활동하며 많은 사람에게 영감을 주는 존재가 되었다. 이 젊은이는 이렇게 말한다. "지속적인 성장은 끝없는 여정과 같습니다. 단지 목표를 이루는 것이 아니라, 그 과정에서 나를 발견하고 더 나은 사람이 되어 가는 것입니다. 우리는 그 여정에서 비로소 진정한 행복과 만족을 느낄 수 있습니다."

🌷 마음 다지기

오늘 하루는 하나님 안에서 내가 걸어온 성장의 여정을 돌아보며 감사하자. 성장은 단번에 이루어지는 것이 아니라, 하나님께서 인도하시는 작은 실천과 꾸준한 믿음의 걸음을 통해 나타나는 것이다. 매일 자신의 부족함을 하나님 앞에 내어 맡기고 성령의 도우심으로 조금씩 변화되어 가는 그 과정이 바로 진정한 은혜의 성장이다. 오늘도 작은 목표를 세우고 하나님의 힘으로 이뤄 가는 끈기와 도전을 통해 주님께 영광 돌리자.

● 오늘 나의 실천

 : 결단을 실행으로 옮기는 추진력

"목표는 결단으로 시작하지만, 행동에서 진정한 성공이 나온다."
- 에이브러햄 링컨

행동의 속도를 높이는 것은 우리가 원하는 목표를 성취하는 데 필수적인 요소다. 많은 사람이 중요한 결정을 내리고도 행동으로 옮기지 못하거나, 시간이 지나면서 실행이 늦어지곤 한다. 결단을 내리는 것만큼 중요한 것은 바로 그 결단을 실행으로 옮기는 속도다. 결단과 실행에는 차이가 있는데, 실제 성과를 만들어 내지 않으면 결단은 의미가 없기 때문이다.

행동의 속도를 높이기 위한 첫 번째 원칙은 두려움과 불확실성에 대처하는 것이다. 무언가를 시작할 때 불안하고 두려운 감정이 드는 것은 자연스러운 일이지만, 그럼에도 그 두려움을 극복하고 실행으로 옮기는 것이 매우 중요하다. 두려움에 사로잡히면 '나중에 하자'란 생각만 반복하며 행동을 미루게 된다. 그러나 중요한 것은 그 두려움을 이겨 내고 한 걸음이라도 앞으로 나아가는 것이다.

행동을 빠르게 하기 위한 또 다른 중요한 원칙은, 목표를 구체화하고 작은 단위로 나누는 것이다. 목표가 크고 막연하면 언제 시작해야 할지 막막해질 수 있지만, 목표를 작고 구체적인 단위로 나누면 매일 해야 할 일이 분명해지고 실천이 가능해진다. 예를 들어, 책 한 권을 읽고 싶다면 하루에 한 장씩 읽겠다고 결심하는 것이 좋다. 이렇게 작은 걸음으로 시작하면 꾸준히 나아갈 수 있다.

속도는 단순히 빠르게 움직이는 것만을 뜻하지 않는다. 정확성과 일관성이 동반되어야 한다. 급하게 결정을 내리고 행동한다고 해도 그 과정에서 일관성과 정확성이 결여되면 효율성을 높일 수 없다. 이 두 가지가 조화를 이룰 때 비로소 효과적인 성과를 낼 수 있다.

또한 즉각적인 피드백을 받아들이는 것도 매우 중요하다. 어떤 일이든 처음부터 완벽하게 이루어지는 경우는 드물다. 그 과정에서 얻는 피드백은 소중한 자산이다. 잘못된 점을 바로잡고 더 나은 방향으로 개선할 수 있기 때문이다. 중요한 것은 즉각적인 피드백을 받아들이고 그것을 바탕으로 빠르게 수정하며 나아가는 자세다.

어느 젊은이의 이야기다. 그는 어렸을 때부터 많은 꿈과 목표를 가지고 있었지만 항상 '언젠가는 하겠다'는 생각만 하며 실행을 미루었다. 그러던 어느 날, 그는 문득 자신이 결국 아무것도 이루지 못할지도 모른다는 불안감에 사로잡혔다. 그때 그는 결단을 내렸다. "이제 더는 미루지 않겠다. 오늘부터 바로 시작하겠다." 그날부터 그는 자기 계발서를 읽고, 하루 30분씩 운동을 했다. 처음에는 운동이 쉽지 않았지만, 꾸준히 실천을 이어 갔다. 이후 매일 아침 일찍 일어나 운동하고, 저녁마다 목표를 되새기며 하루를 정리했다. 한 달이 지나면서 그는 예전보다 건강해졌고, 목표들을 하나씩 이루어 나갔다.

그가 깨달은 것은, 행동의 속도는 단지 시간의 문제가 아니라 마음의 결단의 문제라는 점이었다. 그의 결단은 단순히 빠르게 시작하는 것에 그치지 않고, 지속적으로 실천하며 피드백을 받아 더 나은 방향으로 나아가는 과정이었다. 그 후에도 그는 목표를 확실히 세우고 그 목표를 향해 빠르게 움직였으며, 결국 자신이 꿈꾸던 삶을 이루었다.

🌷 마음 다지기

오늘 하루는 하나님 앞에서의 결단과 그 결단을 행동으로 옮기는 믿음의 실천이 얼마나 중요한지에 대해 묵상하자. 우리가 아무리 목표를 세우고 기도로 결단하더라도, 그것을 실행하지 않으면 하나님께서 주신 비전은 빛을 보지 못한다. 오늘 내가 내딛는 작은 순종의 걸음이 내일 하나님의 더 큰 은혜와 열매로 이어질 것을 기대하자. 실패를 두려워하지 않고 담대히 나아갈 때, 하나님께서 그 발걸음을 인도하시며 성장시키신다. 오늘도 내일도 믿음의 결단과 실천으로 주님의 뜻을 이루며 살아가자.

● 오늘 나의 실천

士 : 흔들리지 않는 결단력을 기르는 법

"성공은 얼마나 빨리 결정을 내리고 실행하느냐에 달려 있다."

- 앤디 그로브

결단력은 단순히 결정을 내리는 것에서 그치지 않고, 그 결정을 행동으로 옮기도록 만드는 중요한 심리적 태도다. 결단력을 키우는 첫 번째 단계는 자기 자신에 대한 신뢰를 쌓는 것이다. 자신을 믿고 의지할 때 외부 상황이나 타인의 의견에 흔들리지 않고 자신 있게 결정을 내릴 수 있다. 또한 결단력은 두려움을 극복하는 과정이기도 하다. 불확실한 상황이나 실패에 대한 두려움이 있을 때, 그 두려움을 인정하고 용기를 내 극복하는 것이 매우 중요하다.

결단력은 습관처럼 훈련할 수 있다. 작은 결정부터 시작해 점차 더 큰 결단을 내리며 자신을 단련해 나갈 수 있다. 이를 위해 중요한 것은 '지금 당장' 결정을 내리는 습관을 들이는 것이다. 결정을 미루지 않고 빠르게 하며, 또 그 결정을 즉시 실행하는 태도가 필요하다. 결단력을 기르는 또 다른 방법은 후회하지 않는 것이다. 결정을 내린 후에는 그 결과가 좋든 나쁘든 받아들이고 앞으로 나아가야 한다. 과거의 일에 집착하지 않고, 이미 내린 결정을 존중하는 자세가 필요하다.

한 회사 직원의 이야기다. 그는 업무에서 큰 결정을 내리는 데 어려움을 겪고 있었다. 불확실성과 실수에 대한 두려움 때문에 해야 할 결정을 자주 미뤘다. 그러다 어느 순간 그는 매일 작은 결정을 내리기로 결심하고, 업무 중에 발생하는 사소한 선택들부터 신속하게 결단을 내리기 시작했다. 어느 날은 이메일을 보내기 전에 즉시 결정을 내리고 발송했고, 또 다른 날에는 중요한 회의에서 즉시 자신의 의견을 표현하며 회의 진행에 적극적으로 참여했다. 처음에는 불안했지만 점차 자신감을 얻었고, 이러한 결단들이 긍정적인 결과로 이어졌다. 결국 그는 더 큰 결정을 내릴 때도 두려움 없이 자신감을 갖고 결정할 수 있게 되었다.

🌷 마음 다지기

오늘 하루는 하나님 앞에서 결단의 중요성을 다시 한번 묵상하자. 우리 삶의 매 순간은 하나님께서 허락하신 선택의 자리이며, 그 선택이 우리의 길을 인도한다. 두려움에 머무르지 말고, 주님께서 주시는 지혜와 용기로 담대히 결단하자. 내가 내린 결정이 하나님의 뜻 안에서 내일을 향한 축복의 발걸음이 되도록 믿음으로 작은 결단부터 실천하며 결단력을 키워 가자. 하나님께서 함께하심을 믿고 한 걸음씩 나아가는 하루가 되길 기도하자.

● 오늘 나의 실천

結

두려움을 뛰어넘는 변화의 여정

변화의 여정에서 두려움은 누구에게나 찾아온다. 그리고 그 두려움을 뛰어넘어야 변화가 시작된다. 두려움을 뛰어넘는다는 것은 감정을 없애는 것이 아니라, 그 감정을 껴안고 나아가는 용기를 갖는 것이다. 두려움 앞에서 멈추기보다 그 안에서 무엇을 배울 수 있을지 질문해 보는 순간, 변화는 시작된다. 우리가 진짜 성장하는 때는 두려움을 피할 수 없다는 걸 알면서도 한 걸음 내디딜 때다. 용기는 두려움이 사라졌을 때 오는 게 아니라, 두려움 속에서도 나아가려는 마음에서 자란다. 이 여정은 쉽지 않지만, 그 한 걸음이 결국 나를 새로운 삶으로 이끌어 줄 것이다.

月 : 변화에 대한 회복력과 자신감

"변화는 고통스럽지만, 고통 없이는 성장도 없다."

- 프레드릭 더글라스

변화는 삶에서 피할 수 없는 부분이다. 우리가 원하든 원하지 않든 세상은 끊임없이 변하며, 우리는 거기에 적응해야만 한다. 이러한 변화에 대한 회복력과 자기효능감은 우리가 직면한 어려움을 어떻게 극복하고, 또 그로 인해 어떻게 더 강해질 수 있는지를 결정하는 중요한 요소다.

회복력은 변화 앞에서 다시 일어설 수 있는 능력을 뜻한다. 이는 단순히 어려움을 견디는 것을 넘어, 어려움 속에서 배움을 얻고 이를 바탕으로 더 나은 자신으로 거듭나는 과정이다. 회복력이 강한 사람은 실패나 좌절을 겪더라도 다시 일어설 수 있는 힘을 지니고 있다. 그들은 변화에 대해 두려워하기보다, 신뢰를 가지고 변화 속에서 자신을 재발견하며 성장할 기회를 찾아낸다.

또 자기효능감은 변화의 과정에서 스스로를 믿음으로 무엇이든 해낼 수 있다는 자신감을 의미한다. 변화에 맞서 싸울 수 있다는 믿음은 우리를 행동하게 만들며, 변화를 실현하는 동력이 된다. 자기효능감이 강한 사람은 자신이 세운 목표를 이루기 위해 끊임없이 노력하며, 도전에 직면해도 물러서지 않는다. 그들은 자신의 능력을 믿고 어떤 상황에서도 해결책을 찾으려는 태도를 보인다.

변화에 대한 회복력과 자기효능감이 있으면, 우리는 어려운 상황에서도 희망을 잃지 않고 스스로의 한계를 넘어 더 나은 삶을 위한 발걸음을 멈추지 않을 수 있다. 이 두 가지는 서로를 보완하며, 변화와 도전에 직면했을 때 우리를 더욱 강인한 사람으로 성장시킨다.

한 젊은이가 있었다. 그는 어려운 가정환경에서 자랐으며, 늘 경제적으로 힘들게 살았다. 하지만 어렸을 때부터 성공적인 사업가가 되겠다는 꿈을 품고 있었다. 그는 꿈을 이루기 위해 많은 노력과 시간을 투자했으나, 첫 사업은 실패로 끝났다. 큰 빚을 졌고, 주변 사람들의 실망 어린 시선에 크게 낙담했다.

그러나 그는 포기하지 않았다. 그가 극복해야 했던 것은 단순한 실패만이 아니라 자신에 대한 의심과 외부의 비판이었다. 그는 다시 자신을 믿고 두 번째 도전을 준비했다. 실패를 분석하고, 무엇이 잘못되었는지, 무엇을 개선해야 할지를 철저히 연구했다. 두 번째 도전은 성공으로 이어졌고, 그는 실패를 통해 얻은 교훈과 회복력을 바탕으로 다시 일어섰다. 이 과정에서 자기효능감도 회복되었다. 그는 자신을 믿고 지속적으로 성장할 수 있다는 확신을 가짐으로 어려움을 극복할 수 있었다.

🌷 마음 다지기

오늘 하루는 하나님이 주신 회복력과 자기효능감에 대해 돌아보자. 우리는 처음 어려움 앞에 섰을 때 두려움과 불안에 떨었지만, 주님의 인도하심과 도우심으로 조금씩 변화에 적응하며 성장해 왔다. 그렇게 작은 승리들이 쌓이며 하나님의 은혜가 내 삶에서 역사하심을 느끼게 된다. 그러므로 힘든 순간일수록 '나는 하나님 안에서 모든 것을 할 수 있다'는 믿음으로 담대히 나아가자. 주님께서 주시는 능력으로 모든 어려움을 극복하며 한 걸음씩 전진하는 하루하루가 되길 기도하자.

● 오늘 나의 실천

 : 아픈 기억을 극복하고 나아가기

"상처를 입은 후에도 웃을 수 있다면, 당신은 이미 그 상처를 극복한 것이다."

- 그레고리 데이비스

과거의 트라우마는 우리가 살아가는 동안 때때로 큰 장애물처럼 다가온다. 어린 시절의 상처나 인생에서 겪은 큰 충격은 내면에 깊은 흔적을 남기기 마련이다. 이러한 트라우마는 종종 우리의 걸음을 멈추게 하고, 과거의 아픔이 현재의 삶에 지속적으로 영향을 미친다고 느끼게 한다. 그러나 중요한 것은 트라우마가 우리를 정의하는 것이 아니라, 우리가 그 트라우마를 어떻게 바라보고 극복하느냐

하는 것이다.

트라우마를 극복한다는 것은 단순히 아픔을 잊거나 없애는 것이 아니다. 그것은 그 아픔을 인정하고, 그것이 내 삶에서 어떤 의미를 갖는지 그리고 그 아픔을 통해 어떻게 성장할 수 있을지 고민하는 과정이다. 자신이 겪은 고통을 외면하지 않고 마주하며, 그 고통을 자신을 강화하는 원동력으로 삼는 것이 회복의 첫걸음이다. 트라우마를 극복하는 길은 쉽지 않지만, 그 과정을 거치면서 우리는 더욱 강해지고 넓은 시각을 갖게 된다.

안나(가명)라는 여자의 이야기다. 그녀는 어린 시절 부모의 폭력적인 다툼과 가정불화 속에서 깊은 트라우마를 경험했다. 안나는 어려서부터 늘 불안한 마음으로 하루하루를 견뎌야 했다. 부모의 싸움 소리와 끊이지 않는 다툼은 그녀에게 큰 상처를 남겼고, 그로 인해 그녀는 세상에 대한 신뢰를 잃었다. 시간이 지나면서 안나는 자신이 느끼는 불안과 고통이 평생 지속될 것이라고 생각했다.

그러나 대학에 입학하면서 안나는 자신을 바꿀 수 있는 기회를 얻었다. 심리학 수업을 들으며 '치유'라는 개념에 대해 처음으로 진지하게 생각하게 되었고, 그 길을 따라가기로 결심했다. 안나는 매일 저녁 자신이 겪었던 아픔을 일기처럼 적으며 차근차근 마주하고 받아들였다. 처음에는 너무 아프고 힘들었지만, 점차 과거의 상처를 치유하려는 자신을 발견하게 되었다.

몇 년 후 그녀는 고통을 극복하는 데 성공했고, 그 과정에서 트라우마가 자신을 어떻게 정의하느냐가 아니라, 자신이 그것을 어떻게 극복하느냐가 더 중요함을 깨달았다. 과거의 아픔은 이제 더는 그녀를 억누르지 않았다. 오히려 그녀는 그 아픔을 통해 더 강해졌고, 사람들에 대한 이해와 공감을 배웠다. 결국 안나는 심리 상담가가 되어 사람들을 돕는 일을 시작했고, 자신의 아픔이 다른 이들에게 희망과 치유의 길을 열어 줄 수 있음을 깨닫게 되었다.

🌷 마음 다지기

오늘 하루는 주님 앞에서 과거의 상처와 트라우마를 마주하는 시간을 갖자. 그 아픔과 상처가 여전히 내 마음 깊은 곳에 남아 떨림을 주지만, 이제는 주님의 사랑 안에서 그것들로부터 도망치지 않고 담대히 직면하자. 하나님께서 나를 새롭게 하시고, 과거의 상처가 나를 규정하지 못하게 하시며, 자유롭게 하심을 기대하자. 그 아픔은 우리 인생의 일부일 뿐, 우리는 주님의 은혜로 미래를 새롭게 열어 갈 수 있다. 오늘 하나님의 용서와 치유하심을 받아들이며 새 생명과 희망으로 나아가는 한 걸음을 내딛자.

● 오늘 나의 실천

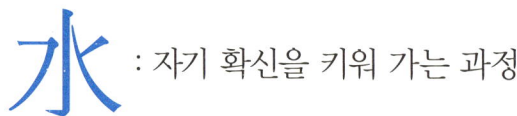 : 자기 확신을 키워 가는 과정

"자신에 대한 확신이 있어야 타인을 설득할 수 있다."

- 스티브 잡스

　자기 확신은 인생에서 마주하는 다양한 도전과 어려움을 극복하는 데 매우 중요하다. 자신에 대한 믿음은 어떤 상황에서도 흔들리지 않는 내면의 힘을 제공한다. 자기 확신은 단순히 자신이 잘할 수 있다는 믿음만을 말하는 것이 아니라, 자신의 부족한 점을 인정하고 그 부분을 성장시키려는 태도를 포함한다. 자기 확신을 키운다는 것은 자신의 가능성을 믿고 두려움과 불안을 넘어서는 과정을 의미하며, 이 믿음은 우리가 더 나은 사람으로 발전하고 목표를 향해 나아가는 데 중요한 역할을 한다.

　자기 확신은 끊임없는 노력과 경험을 통해 성장한다. 작은 성공들이 쌓이면서 점차 큰 자신감을 얻게 되고, 결국 어려운 상황에서도 자신을 믿고 끝까지 버틸 수 있게 된다. 자기 확신의 성장은 시간이 필요하지만, 그 과정에서 우리는 점점 더 강해지고 주변 사람들에게도 긍정적인 영향을 미칠 수 있다.

　어릴 적 엘리자베스는 사람들 앞에 서는 것을 두려워했다. 자신의 말이 어색하게 느껴졌고, 항상 다른 사람들이 자신보다 더 똑똑하고 능력 있다고 생각했다. 학교에서도 늘 자신감 없는 모습이었다.

선생님이 학생들에게 자유롭게 발표할 기회를 주어도 엘리자베스는 항상 나서지 않았다. 자신에 대한 믿음이 없었기 때문이다.

그러던 어느 날, 학교에서 수업 중 학생들이 자기 이야기를 발표하는 시간에 선생님이 엘리자베스에게 다가와 말했다. "엘리자베스, 나는 네가 할 수 있다고 믿어. 네 이야기를 듣고 싶어." 엘리자베스는 두려웠지만, 선생님의 진지한 표정에 용기를 냈다. 작은 목소리로 발표를 시작했다. 처음에는 손도 떨리고 목소리도 떨렸지만 점차 자신감을 얻으며 무사히 발표를 마쳤다.

그 일 이후 엘리자베스는 변하기 시작했다. 작은 성공들이 쌓이면서 자기도 할 수 있다는 믿음을 갖게 되었고, 선생님이 보여준 믿음은 큰 힘이 되어 그녀는 점점 더 많은 도전을 받아들였다. 이후 그녀는 대학에서 중요한 프로젝트의 리더가 되었고, 일을 마친 후 많은 사람에게 자신의 능력을 인정받게 되었다.

🌷 마음 다지기

오늘 하루는 하나님 안에서 자기 확신을 새롭게 하는 시간을 갖자. 때때로 내 능력에 대한 의심과 불안함이 찾아오지만, 주님께서 내 안에 허락하신 가능성과 은사에 주목하자. 지금까지의 경험과 주님의 인도하심이 나를 여기까지 이끌었음을 기억하며 그 힘을 의지하자. 그동안 경험한 작은 승리들과 하나님의 은혜가 나를 강하게 하고, 나 자신을 신뢰하게 만든다. 주님과 함께라면 어떤 도전도 이겨 낼 수 있음을 믿으며 담대히 나아가자.

- **오늘 나의 실천**

木 : 혼자가 아닌, 함께하는 소통의 시작

"우리는 혼자일 때는 약하지만, 함께 있을 때는 무한한 가능성을 지닌다."

- 헬렌 켈러

고립에서 소통으로의 변화는 인생에서 가장 중요한 전환점 중 하나다. 사람은 본래 사회적 존재로, 타인과의 연결과 소통을 통해 성장하고 의미 있는 삶을 살아간다. 그러나 우리는 때때로 세상과의 단절을 느끼며 고립감에 빠지기도 한다. 고립은 자신을 외부와 차단하고 자신의 감정과 생각을 드러내지 않게 만들며, 시간이 지나면서 습관이 될 수도 있다. 하지만 그 고립을 벗어나 소통의 길로 나아갈 때, 우리는 진정한 치유와 성장을 경험하게 된다.

소통은 단순히 서로 말하는 것이 아니라, 서로의 감정과 생각을 이해하고 공유하는 과정이다. 이는 타인과의 관계에서만이 아니라 자기 내면과의 관계에서도 이루어진다. 자신을 이해하고 다른 사람의 입장에서 바라보며 진정으로 대화하고 교감하는 과정은 고립을 극복하는 강력한 방법이 된다.

어느 작은 마을에 마르코라는 남자가 살고 있었다. 그는 어린 시절 부모를 잃고 심한 트라우마와 고통을 겪으며 자라났다. 시간이 지나면서 마르코는 사람들과의 관계를 피하고 자신을 고립시켰다. 그는 세상과의 모든 소통을 차단한 채 혼자 지내는 것이 안전하다고 느꼈다. 하루하루 외롭게 지내던 마르코는 계속 자신을 고립시키는 생각에 갇혀 있었다.

그러던 어느 날, 마르코는 마을 외곽의 공원에서 우연히 엘리자라는 여성을 만났다. 엘리자는 밝고 따뜻한 성격을 지닌 사람으로, 사람들과 소통하는 것을 좋아했다. 처음 만난 날 마르코는 엘리자에게 말을 걸기가 두려웠지만, 엘리자가 먼저 웃으며 그에게 말을 건넸다. "오늘 하루는 어땠나요?" 그녀의 질문은 마르코에게 큰 충격을 주었다. 그동안 자신이 고립된 삶을 살고 있었다는 사실을 깨닫게 된 순간이었다.

그녀의 따뜻한 관심 속에서 마르코는 처음으로 자신의 내면을 열어 보여주기 시작했다. 엘리자는 아무것도 강요하지 않았고, 그저 마르코의 이야기를 조용히 들으며 함께 웃거나 눈물을 흘리며 공감했다. 마르코는 점차 고립의 벽을 허물기 시작했고, 자신이 겪은 고통과 상처를 조금씩 풀어놓을 수 있었다. 시간이 지나면서 마르코는 엘리자와의 소통을 통해 점점 더 많은 사람과 교류하였고, 자신이 고립 속에서 놓치고 있었던 삶의 아름다움과 기회를 발견하였다. 그는 사람들과의 관계가 얼마나 중요한지 깨달았고, 그로 인해 내면의 평화와 행복을 찾을 수 있었다.

엘리자는 단순히 마르코에게 말을 건넨 것뿐이었지만, 그 한마디가 마르코의 고립을 깨고 새로운 소통의 다리를 놓아 준 것이다. 마르코는 이제 혼자가 아니었고, 세상과 다시 소통할 준비가 되어 있었다. 고립에서 벗어난 그가 느낀 것은 바로 진정한 연결과 사랑의 힘이었다.

🌷 마음 다지기

오늘 하루는 고립에서 벗어나 하나님과 이웃과의 소통으로 나아가는 중요한 전환점을 만들어 보자. 혼자 있는 시간이 때로 도움이 되지만, 지나친 고립은 우리를 세상과 단절시킬 수 있다. 하나님께서는 우리를 공동체로 부르심으로 우리가 서로의 이야기에 귀 기울이며 사랑으로 연결되기를 원하신다. 타인의 삶과 마음을 이해하고 공감할 때, 우리는 하나님께서 주시는 지혜와 평안을 더 깊이 경험할 수 있다. 사랑 안에서 사람들과 소통하며 진정한 연합을 이루는 하루가 되게 하자.

● **오늘 나의 실천**

....

....

金 : 성숙한 감정과 관계를 위한 변화

"성숙은 나이 듦이 아니라 자신의 내면을 다루는 능력이다."

- 미상

　성숙한 마음으로의 변화는 단순히 나이가 들거나 경험을 쌓는 것만으로 이루어지는 것이 아니다. 진정한 성숙은 외부의 상황이나 자극에 의존하기보다는 내면의 변화와 성장에서 비롯된다. 성숙한 마음을 가진 사람은 과거의 경험을 통해 자신을 돌아보고, 그 경험을 통해 배우며 점차 더 넓고 깊은 이해를 갖게 된다. 이 과정은 때로 고통스럽고 시간이 걸리기도 하지만, 결국 우리를 더 강하고 지혜로운 사람으로 만들어 준다.

　성숙은 자신뿐 아니라 타인을 이해하려는 마음에서 시작된다. 감정적으로 성숙한 사람은 자신과 타인의 감정을 존중하며, 대인관계에서의 갈등을 지혜롭게 해결한다. 또한 삶의 불확실성과 어려움을 그대로 받아들이고, 그 속에서 의미와 성장의 기회를 찾는다. 성숙한 마음은 자신에 대한 깊은 이해와 존중을 바탕으로 외부의 영향에서 벗어나 내면의 평화를 이루는 것이다.

　알렉스는 어린 시절부터 항상 부모의 기대에 맞추기 위해 노력하며 살아왔다. 그는 부모가 원하는 직업을 선택했고, 그들이 바라는 방식으로 인생을 살아갔다. 하지만 어느 날 알렉스는 자신의 삶에 의문이 생겼다. 그는 부모의 사랑을 받기 위해 살아왔지만, 그 사랑이 때로는 그가 진정으로 원하는 방향으로 가는 것을 막는 장애물이 되기도 한다는 것을 깨달았다.

알렉스는 결혼 후 자신이 부모가 되면서 부모의 기대를 무조건 따르는 일이 얼마나 힘든지 알게 되었다. 그가 겪은 갈등은 결국 부모와의 관계에서 벗어나 자신만의 길을 찾는 중요한 계기가 되었다. 그는 성숙한 마음으로 부모와 진지하게 대화를 시작했다. 부모가 과도한 기대를 한 것은 사랑 때문이었지만, 그 사랑이 자신을 억압하고 있었다는 사실을 알게 된 것이다. 알렉스는 부모에게 진심을 담아 자신이 원하는 삶의 방식을 존중해 달라고 요청했다. 부모는 처음에는 놀랐지만, 점차 알렉스의 진심을 이해하고 그를 존중하기 시작했다.

이 경험을 통해 알렉스는 성숙한 마음의 의미를 깊이 깨달았다. 그는 더는 타인의 기대에 따라 살지 않고, 자신의 내면에서 원하는 것을 존중하며 살아가게 되었다. 또한 부모와의 관계에서도 상호 존중과 이해가 중요하다는 사실을 알게 되었다. 이제 알렉스는 자신의 선택에 대해 자랑스러워하며, 그 선택을 통해 더 나은 사람으로 성장하고 있음을 느낀다.

🌷 마음 다지기

오늘 하루는 성숙한 믿음의 발걸음을 내딛자. 과거에는 작은 어려움에도 마음이 쉽게 흔들리고 불안했지만, 오늘은 그 감정을 주님께 맡기고 평안 가운데 상황을 바라보자. 성숙함은 하나님 안에서 내 감정을 다스리고, 이웃의 입장을 사랑으로 이해하려는 마음에서 비롯된다. 서두르지 않고 하나님의 뜻을 기다리며, 매 순간 주님의 은혜와 평강을 깊이 체험하는 시간이 되길 기도하자. 그렇게 하루하루 믿음 안에서 자라 가는 삶을 감사히 여기자.

● 오늘 나의 실천

_____

_____

土 : 두려움을 넘어 성장하는 방법

"두려움은 그 자체로는 큰 문제가 아니지만, 두려움에 지배당하면 모든 것이 문제로 변한다."

- 헨리 포드

두려움은 모든 사람에게 존재하는 감정이지만, 그것을 어떻게 대처하느냐에 따라 우리의 삶은 크게 달라진다. 두려움은 종종 우리를 억제하고 새로운 도전에 대한 시도를 막는다. 그러나 두려움을 극복하는 과정에서 우리는 큰 성장을 이룰 수 있다. 두려움은 때로 우리에게 경고를 주기도 하지만, 동시에 성장의 신호가 되기도 한다. 중요한 것은 두려움을 피하려 하지 말고, 오히려 직시하며 맞서 싸우는 것이다.

두려움과 싸우며 성장하는 방법 중 하나는 두려움을 있는 그대로 인식하고 받아들이는 것이다. 두려움을 인정하는 것만으로도 우리는 한 걸음 더 나아갈 수 있다. 두려움을 억누르거나 부정하는 것이 아니라 받아들임으로써 우리는 내면의 힘을 발견할 수 있다. 또한 작은 성공을 경험하면서 점차 두려움을 극복해 나가는 방법도 있다. 작은 목표를 세우고 그것을 이루는 경험은 자신감을 키워 주고, 더 큰 도전에 대한 두려움을 감소시킨다.

회사에서의 승진을 목표로 삼은 한 직장인이 있었다. 그러나 그는 승진을 위한 면접을 준비하는 과정에서 두려움을 느꼈다. 면접에서 실수할지도 모른다는 걱정과 타인의 평가에 대한 불안이 마음속에 떠올랐다. 그럼에도 그는 반복해서 연습하며 면접 준비를 철저히 했다. 면접 당일, 그는 두려움 속에서도 자신 있게 준비한 내용을 발표했고, 결국 승진에 성공했다. 이 경험은 그에게 두려움을 이겨 내는 법을 습득하게 하고 자신감을 심어 주었다. 이후 그는 더 큰 도전 앞에서도 두려움을 느끼지 않고 용기 있게 나아갈 수 있게 되었다.

🌷 마음 다지기

오늘 하루는 삶에서 경험하는 크고 작은 두려움에 어떻게 대처할 것인지에 대해 묵상해 보자. 두려움은 우리를 위축시키고 머뭇거리게 하지만, 하나님께서는 그 두려움 속에서도 나를 붙드시며 성장시키신다. 두려움을 외면하지 않고 주님 앞에 솔직히 내려놓을 때, 그분의 평강이 내 마음을 채운다. 두려움을 인정하고 하나님을 의지하는 순간, 나는 믿음 안에서 한 걸음 더 담대하게 나아갈 수 있다. 오늘도 주님과 함께 두려움을 이겨 내며 더욱 강해지는 나를 기대하며 살아가자.

● **오늘 나의 실천**

11단계 Switch

새로운 역할로의 전환

새로운 역할로의 전환은 언제나 낯설고 두려운 감정을 동반한다. 부모가 되는 일도 마찬가지다. 오롯이 나를 위하던 삶에서 누군가의 삶을 책임지는 존재로 바뀌는 순간, 우리는 큰 변화의 한가운데 서게 된다. 이 변화는 단순한 환경의 변화가 아니라, 마음가짐과 가치관의 근본적인 전환을 요구한다. 하지만 그 안에는 우리가 미처 몰랐던 사랑과 책임 그리고 성장의 가능성이 숨어 있다. 새로운 역할은 나를 더 크게 확장시키고, 삶의 의미를 더 깊이 깨닫게 해준다. 결국 역할의 전환은 두려움을 넘어 더 나은 나 자신으로 나아가게 하는 또 하나의 시작이다.

月 : 삶의 전환점, 부모가 되기 위한 준비

"부모가 된다는 것은, 이제 나의 삶이 아니라 누군가의 삶을 책임지는 것이다."

- 미상

임신과 부모가 되는 일은 단순한 신체적·상황적 변화에 그치지 않는다. 이 시기는 인생에서 가장 중요한 전환점 중 하나로서 신체적, 정신적, 감정적 그리고 사회적으로도 많은 준비를 필요로 한다. 임신은 부부로서의 두 사람의 삶에 큰 영향을 미치는 과정이며, 이 시점부터 부모로서의 역할이 시작된다. 부모가 되기 위한 준비는 자신의 삶의 방식과 가치관을 돌아보는 과정이자, 아이를 기다리며 내면적인 성숙을 이루는 시간이다.

임신 초기부터 많은 부모가 아이의 탄생을 기다리면서 설렘과 동시에 불안감을 느낀다. 육아에 대한 기대와 걱정이 교차하며 자신이 좋은 부모가 될 수 있을지, 아이에게 무엇을 가르쳐야 할지 고민하기 시작한다. 이때 부모가 되기 위해 준비해야 할 것은 단순히 물질적인 것만이 아니라, 마음가짐과 태도다.

부모가 되기 위한 준비는 아이에게 좋은 환경을 제공하는 것뿐 아니라, 아이를 사랑하고 이해하는 마음을 기르는 데서 출발한다. 자신을 넘어 아이의 삶을 어떻게 이끌 것인지, 아이의 마음을 어떻게 보듬어 줄 것인지 깊이 생각해야 한다. 부모로서의 책임감을 느끼고 그 책임을 기꺼이 받아들이는 마음이 부모가 되기 위한 준비의 핵심이다.

한 젊은 부부가 있었다. 그들은 결혼 후 몇 년간 서로의 꿈과 희망을 공유하며 언젠가 부모가 되기를 바랐다. 그러던 어느 날 아내가 자신의 임신 사실을 알게 되었다. 처음에는 기쁨보다 걱정과 불안이 앞섰다. 아이를 잘 키울 수 있을지, 부모로서의 역할을 잘 해낼 수 있을지에 대한 두려움이 컸다. 물질적인 준비도 부족했고, 육아 경험도 전혀 없었기 때문이다.

그럼에도 부부는 함께 아이의 태교와 부모가 되기 위한 준비를 시작했다. 임신 기간 동안 아내는 몸과 마음을 잘 돌보았고, 남편은 부모로서 책임감을 느끼며 아이에게 무엇을 줄 수 있을지 고민했다. 아내는 임신 중 다양한 육아 책을 읽으며 준비했고, 남편은 자신이 더욱 성숙해져야 한다는 생각으로 부모 역할에 대해 깊이 고민했다.

마침내 아이가 태어났다. 첫 아이가 세상에 나온 순간, 그동안의 걱정과 불안은 모두 사라지고 마음에 감동과 사랑이 가득 찼다. 그러면서 부모로서의 첫걸음을 내디뎠음을 깨달았다. 그들은 아이에 대한 사랑과 책임감을 한층 더 깊게 느꼈고, '아이에게 무엇을 주고 어떻게 키울 것인가'라는 중요한 질문이 마음속에 자리 잡았다.

아이를 키우면서 부부는 여러 어려움과 도전을 마주했지만, 서로 의지하며 하나씩 극복해 나갔다. 그 과정에서 부모로서 자신들이 얼마나 많이 배우고 성장했는지를 깨달았고, 아이를 돌보며 자신의 삶을 더욱 의미 있게 살아가는 법을 익혔다.

🌷 마음 다지기

오늘 하루는 부모가 되는 축복에 대해 깊이 묵상해 보자. 하나님께서 주신 생명을 맡아 돌보는 일은 단순한 책임을 넘어 거룩한 사명이다. 부모는 하나님의 사랑을 본받아 그 작은 생명을 사랑으로 감싸안고, 그에게 믿음과 은혜를 전하는 통로가 되어야 한다. 부모가 된다는 두려움과 부담 속에서도 하나님께서 나를 인도하시고 성숙하게 하심을 믿으며, 매일 하나님 앞에서 나를 돌아보고 기도하는 시간을 갖자. 이 여정은 나를 더 깊은 사랑과 인내의 사람으로 변화시키며, 하나님 안에서 참된 성장과 축복을 경험하게 할 것이다.

● 오늘 나의 실천

_____

_____

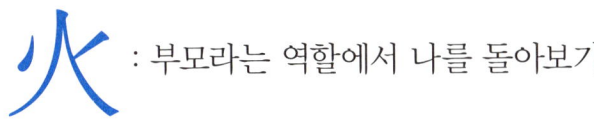

火 : 부모라는 역할에서 나를 돌아보기

"부모의 역할을 한다는 것은 사랑을 주는 것만이 아니라, 자신을 돌아보며 성숙해지는 여정이다."

- 미상

부모가 된다는 것은 단지 자녀에게 물질적 지원을 제공하는 것이상의 의미를 가진다. 부모 역할은 내면의 깊은 탐색과 변화를 요구한다. 아이를 키운다는 것은 새로운 책임과 역할을 맡는 일이면서, 동시에 부모 자신이 누구인지, 무엇을 중요한 가치로 삼아 살아왔는지 진지하게 성찰하는 시간이기도 하다. 우리는 부모 역할을 맡으면서 자신이 가지고 있던 가치관이나 태도, 삶의 목적이 어떻게 변하는지를 경험한다.

부모 역할을 수행하며 자아를 탐색하는 과정은 결코 쉽지 않다. 아이는 부모에게 새로운 질문과 도전을 제기하며, 부모는 그에 대한 답을 스스로 찾기 위해 끊임없이 노력한다. 부모가 되는 과정은, 자아를 재정립하고 자신이 어떻게 성장할 수 있는지를 발견하는 여정이기도 하다. 부모 역할을 제대로 수행하기 위해서는 자신의 감정, 욕구, 꿈, 두려움을 직시해야 하며, 때로는 과거의 경험을 되돌아보고 그로부터 배우는 시간이 필요하다.

부모로서의 자아 탐색은 매우 개인적이며, 사람마다 다른 형태로 나타난다. 그러나 이 과정에서 부모는 더 깊은 자기 이해를 얻고, 이를 바탕으로 더 나은 부모로 성장하게 된다. 이러한 성장은 자녀에게 좋은 영향을 미칠 뿐 아니라, 부모 자신에게도 큰 기쁨과 만족감을 선사한다.

정우(가명)는 결혼 후 몇 년간 자유로운 생활을 즐겼다. 그는 직장에서 성공을 거두며 자신의 목표와 꿈을 좇아 살아갔다. 그러던 중 아내가 임신했고, 그 순간부터 정우의 삶은 급격하게 변했다. 처음에는 설렘과 기쁨이 앞섰지만, 시간이 지나면서 부모로서의 역할에 부담을 느끼기 시작했다.

정우는 부모로서의 책임감을 어떻게 받아들여야 할지 몰랐다. 자신만의 시간과 공간을 중요하게 생각했기에, 아이를 키운다는 생각만으로도 정신적으로 압박을 받았다. 그러나 첫 아이가 태어나면서 모든 것이 달라졌다. 처음 아기를 품에 안고 그 작은 생명이 자신의 손에 달려 있다는 생각이 들었을 때, 정우는 진지하게 고민을 시작했다.

어느 날 밤, 아기가 자는 모습을 지켜보며 정우는 '내가 과연 좋은 아버지가 될 수 있을까?', '아이에게 무엇을 가르쳐 줄 수 있을까?' '나는 어떤 아버지가 되어야 할까?'를 깊이 생각했다. 그동안 직장에서의 성공만을 추구했던 그가 이제 아이와 어떻게 시간을 함께할지, 아이에게 어떤 가치와 삶을 물려줘야 할지를 고민하기 시작했다.

나아가 그는 부모 역할을 통해 자신도 성장할 수 있음을 깨달았다. 그동안 아버지로서 아이에게 무언가를 가르친다고만 생각했지만, 오히려 아이를 통해 자신이 더 많이 배우고 있음을 알게 되었다. 정우는 아이와 시간을 보내며 자신이 얼마나 자아만을 추구해 왔는지, 가족이란 무엇인지에 대해 깊이 생각해 보았다. 그 과정에서 그는 직장에서의 성공보다 더 중요한 가치가 사랑과 배려, 책임감임을 깨달았다.

정우는 좋은 아버지가 되기 위해 노력했다. 아이에게 많은 사랑을 주는 것은 물론, 그 사랑을 바탕으로 아이에게 삶의 중요한 가치들을 가르치기 위해 항상 자신을 돌아보고 성장해 갔다. 그는 부모가 된다는 것이 단순히 아이를 키우는 것이 아니라, 자신을 깊이 돌아보고 더 나은 사람이 되는 여정임을 깨달았다.

🌷 마음 다지기

오늘 하루는 부모의 역할에 대해 하나님 앞에서 깊이 묵상해 보자. 부모가 되기 전에 나 자신을 돌아보는 것은 하나님의 뜻 안에서 꼭 필요한 과정이다. 부모의 역할은 삶의 또 하나의 중요한 소명이며, 그 소명을 잘 감당하려면 나의 연약함을 진솔하게 인정하고 하나님 안에서 성장해야 한다. 과거의 경험과 하나님께서 허락하신 나 자신의 가치를 되새기며, 내면의 변화를 위해 기도하고 힘쓰자. 자녀에게 진정한 사랑을 전하기 위해서는 먼저 내가 하나님께 존중받고 사랑받는 존재임을 깊이 깨닫는 것이 필요하다. 하나님과 함께하는 이 여정에서 나는 더 성숙한 부모로 서게 된다.

● 오늘 나의 실천

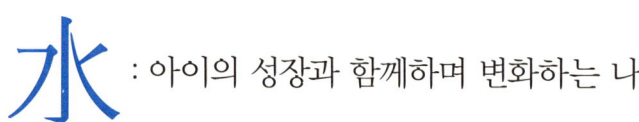

水 : 아이의 성장과 함께하며 변화하는 나

"부모의 역할은 아이가 성장함에 따라 가이드에서 동반자로 변한다."
- 미상

아이의 발달 과정은 단순한 신체적 성장에 그치지 않고 정서적·

인지적·사회적 성장이 복합적으로 이루어지는 여정이다. 이 과정에서 부모는 매우 중요한 역할을 맡으며, 아이의 발달 단계에 따라 적절한 역할을 수행해야 한다. 초기에는 부모가 아이의 모든 필요를 돌보며 보호자 역할에 충실하지만, 시간이 흐르면서 아이가 점차 독립적인 존재로 자라나면 부모의 역할 또한 변한다.

아이의 발달에 따라 부모의 역할은 끊임없이 진화한다. 유아기에는 부모가 아이의 행동과 감정을 철저히 관리하고 지도하는 역할을 한다. 그러나 아이가 초등학교에 들어가면서 자아가 형성되기 시작하면, 부모의 역할은 지지자이자 조언자로 바뀐다. 청소년기에는 아이가 더욱 독립적이고 자율적인 존재로 성장함에 따라, 부모는 지지하는 역할을 중심으로 때로는 가이드나 친구 같은 관계를 맺기도 한다.

부모 역할의 변화는 쉽지 않은 일이지만, 이는 아이와 부모 모두의 성장과 이해를 돕는 중요한 과정이다. 부모는 아이가 겪는 발달 단계를 이해하고, 그에 맞게 역할을 바꾸어 가면서 아이의 독립적인 성장을 지원한다. 부모의 역할은 단지 아이를 보호하고 키우는 것에 그치지 않고, 아이와의 관계를 통해 함께 배우고 성장하는 과정을 포함한다.

지혜는 아이가 태어났을 때부터 엄마로서의 역할에 큰 부담을 느꼈다. 특히 첫 아이를 키우는 일이 낯설고 두려웠기에, 그녀는 아이가 잘 자라기를 바라는 마음으로 항상 조심스럽게 행동했다. 아이가 작은 변화를 겪을 때마다 긴장했고, 때로는 불안해했다. 아이가 처음 말을 배우고, 걸음을 떼며, 새로운 사회적 관계를 맺는 과정에서 지혜는 스스로에게 '내가 잘하고 있는 걸까?'라는 질문을 끊임없이 던졌다.

그러다 아이가 성장해 독립적인 생각을 하기 시작하면서 지혜는 새로운 고민에 직면했다. 아이가 스스로 결정을 내리고 친구들과의 관계에서 갈등을 겪을 때, 지혜는 기존의 보호자 역할에서 벗어나 조언자로서의 역할을 해야만 했다. 처음에는 이 변화가 어려웠고, 여전히 아이를 보호하려는 마음이 강했지만, 시간이 흐르면서 아이에게 자유와 공간을 주는 것이 얼마나 중요한지를 깨달았다.

어느 날 아이가 친구와 다툰 후 울며 집에 돌아왔을 때, 지혜는 아이를 다독이며 "무척 힘들었겠지만, 이번 기회에 네가 얼마나 더 나은 사람으로 성장할 수 있을지 생각해 보자"라고 말했다. 아이는 다소 혼란스러워했지만, 그다음 날부터 친구와의 관계에서 좀 더 성숙하게 행동하려는 모습을 보였다. 지혜는 이때 자신이 부모로서 가장 중요한 역할을 하고 있음을 깨달았다. 그것은 단지 아이를 보호하는 일이 아니라, 아이가 스스로 해결책을 찾도록 돕는 일이었다.

그녀는 부모 역할이 고정된 것이 아니라 아이의 발달에 맞춰 끊임없이 변화하는 것임을 깊이 느꼈다. 아이의 성장과 함께 부모도 함께 성장하는 것, 그것이 바로 부모로서의 진정한 역할임을 깨달은 순간이었다.

🌷 마음 다지기

오늘 하루는 아이의 성장과 부모로서의 변화하는 역할에 대해 신앙적으로 묵상해 보자. 하나님께서 우리에게 맡기신 자녀는 점차 독립적인 존재로 자라나며, 그 과정에서 부모도 새로운 지혜와 사랑을 배워야 한다. 어린 시절에는 아이를 세심히 돌보는 일이 중요했지만, 이제는 하나님께서 주신 자율성을 존중하며 믿음 안에서 아이가 스스로 걸어갈 수 있도록 격려해야 한다. 과도한 보호보다는 하나님의 인도하심을 의지하며, 자녀가 필요로 할 때 지혜로운 조언과 사랑으로 이끌어 주는 균형이 중요함을 기억하자. 하나님의 사랑 안에서 부모로서의 사명을 깊이 깨닫고 자녀와 함께 성장하도록 기도하자.

● 오늘 나의 실천

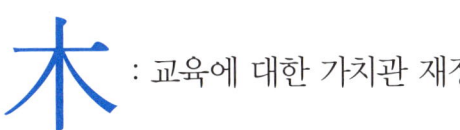 : 교육에 대한 가치관 재정립

"아이에게는 무엇을 가르칠지보다 어떻게 가르칠지가 더 중요하다."
- 미상

자녀 교육에 대한 가치관은 부모의 성장과 변화 그리고 세상과 아이를 바라보는 관점에 따라 지속적으로 발전하고 변화한다. 처음에는 부모가 교육에 대해 매우 규칙적이고 전통적인 방식으로 접근하는 경우가 많다. 자녀가 제대로 자라기를 바라는 마음에서 과도하게 통제하거나, 성적과 외적인 성취에 큰 비중을 두기도 한다. 그러나 시간이 지나면서 자녀와의 관계가 깊어질수록 부모의 교육에 대한 가치관은 점차 변화한다.

부모는 자녀가 자신의 잠재력을 최대한 발휘할 수 있도록 도와주기 위해 사랑과 존중을 바탕으로 한 교육을 추구하기 시작한다. 자녀가 자기 내면의 강점을 발견하고, 자기 자신을 이해하며, 스스로 선택하고 행동할 수 있도록 돕는 방향으로 교육의 가치를 전환한다. 결국 자녀 교육의 목표는 단순히 학문적인 성취나 사회적 인정이 아니라, 자녀가 행복하고 균형 잡힌 삶을 살 수 있도록 돕는 데 초점이 맞춰진다.

정희(가명)는 항상 자녀가 좋은 성적을 거두기를 바랐다. 그녀는 어릴 적부터 부모의 압박과 성적이 모든 것의 기준이 되는 환경에서 성장했기에, 자녀에게도 같은 기준을 적용했다. 처음에는 아이의 성적을 올리기 위해 다소 엄격하게 대했고, 아이가 스트레스를 받는 모습을 보면서도 크게 신경 쓰지 않았다. '성공하려면 성적이 좋아야 한다'는 생각이 깊이 박혀 있었기 때문이다.

그러던 어느 날, 아이가 시험에서 좋은 성적을 받았음에도 너무 힘들어하며 울기 시작했다. 정희는 아이의 감정을 이해하지 못한 채 더 좋은 성적을 받게 하려고만 했다. 그러나 아이는 다음 날에도 여전히 기운이 없었고, 이 모습을 보고 정희는 자신이 과연 아이에게 제대로 된 교육을 하고 있는지 다시 생각하기 시작했다.

그녀는 아이와 대화를 나누었고, 자신이 그동안 아이에게 요구한 것이 단지 외적인 성취에만 집중되었음을 깨달았다. 아이는 좋은 성적을 원했지만, 그보다 더 중요한 것은 자신의 감정을 존중받고 그 과정에서 배울 수 있는 가치들에 대한 교육이었다. 이 경험을 통해 정희는 자녀 교육에서 성적이나 외적인 목표보다 중요한 것은, 아이의 내면을 이해하고 아이가 자신을 사랑하며 자긍심을 느낄 수 있도록 도와주는 것임을 깨달았다.

그 후 정희는 아이에게 학업만을 강요하기보다 아이가 즐길 수 있는 취미를 찾게 하고, 그 안에서 얻을 수 있는 교훈을 함께 나누는 방향으로 교육 철학을 바꾸었다. 아이가 실수하더라도 그것을 배움의 기회로 삼게 하고, 성공뿐 아니라 실패 또한 소중한 경험임을 가르쳤다. 이러한 변화는 아이에게 더 큰 자신감을 주었고, 부모와 아이의 관계도 한층 더 깊어졌다.

🌷 마음 다지기

오늘 하루는 자녀 교육에 대한 나의 시선을 하나님 앞에서 돌아보자. 과거에는 성적이나 외적인 성과에 집중했다면, 이제는 하나님께서 내게 맡기신 자녀의 인성과 자아존중감, 그리고 삶을 대하는 태도가 더 중요하다는 것을 인식하자. 자녀가 자라나는 과정은 단순히 지식을 쌓는 여정이 아니라, 하나님의 형상대로 지음 받은 존재로서 세상과 어떻게 소통하며 살아가는지를 배우는 과정이다. 결과에 매이지 말고, 하나님이 주신 각자의 속도와 모습대로 자라는 그 과정을 믿음으로 바라보자. 부모로서 나는 자녀를 조건 없이 받아들이고, 사랑과 격려로 하나님의

> 뜻 안에서 인도해야 할 사명이 있다. 자녀가 하나님 안에서 자신감을 가지고 성장하도록 돕는 것이 내가 감당해야 할 거룩한 부르심임을, 다시 한번 마음에 새기자.

● 오늘 나의 실천

_____

_____

 : 아이의 건강과 부모의 마음 챙기기

"자녀에게 가장 큰 선물은 부모가 주는 안전한 사랑과 관심이다."
- 마야 안젤루

아이의 건강은 부모에게 가장 중요한 관심사 중 하나다. 아이가 태어날 때부터 부모는 아이의 건강을 지키기 위해 최선을 다한다. 그러나 부모로서 느끼는 불안도 그만큼 커진다. 자녀가 아플 때마다 부모는 걱정하고 불안해하며, 아이가 다치지 않기를 누구보다 간절히 바란다. 특히 첫 아이의 경우 부모는 아이가 조금만 아파도 크게 걱정한다.

아이의 건강에 대한 부모의 지나친 불안은 때로 조급함을 낳기도

한다. 부모는 할 수 있는 모든 방법을 동원해 아이를 보호하려 하지만, 아이는 자라면서 다양한 환경에 노출되며 성장하는 과정에서 스스로 건강을 지켜 나간다. 이 과정에서 부모는 불안감을 느끼기도 하고, 때로는 지나친 걱정으로 그 불안이 커지기도 한다.

하지만 아이가 점차 성장하면서 부모는 점점 불안을 가라앉히고, 아이의 건강과 성장에 대해 안심하게 된다. 아이가 스스로 경험하고 배우는 과정에서 건강을 지키는 법도 익히기 때문이다. 부모가 아이의 건강을 염려하는 것은 자연스러운 일이지만, 동시에 아이가 자신을 잘 돌보고 몸의 신호에 귀 기울일 수 있도록 돕는 것도 매우 중요하다.

지연(가명)은 첫 아이 민우를 낳은 후 엄마로서의 책임감에 따른 불안이 커지기 시작했다. 민우가 아프지 않도록 온갖 건강 관리를 해주었고, 아이가 조금이라도 울면 혹시 병이 생긴 것은 아닌지 걱정했다. 특히 민우가 처음으로 열이 나고 토했을 때, 지연은 당황하고 두려움에 떨었다. 혹시 큰병은 아닌지, 자신이 잘 지켜 주지 못해 아이가 아픈 것은 아닌지 하는 생각에 마음이 무너졌다.

병원에 데려갔을 때 의사는 민우의 상태가 심각하지 않다고 말했다. "아이가 아직 면역력이 약한 나이라 감기나 소화불량 같은 증상이 자주 있을 수 있습니다. 걱정하지 마세요. 곧 좋아질 겁니다." 의사의 말을 듣고 지연은 안도했지만 불안은 쉽게 사라지지 않았다. 시간이 지나면서 민우는 건강하게 자라났고, 그러는 동안 지연도 아이를 키우는 일에서 조금씩 자신감을 얻었다. 이제는 민우가 조금 아파도 지나치게 불안해하지 않고 작은 변화들을 자연스럽게 받아들일 수 있었다.

지연은 민우가 아플 때마다 그를 믿고 지켜보며 부모로서의 역할을 조금씩 이해해 갔다. 그녀는 민우가 자주 아프고 회복하면서 배우는 것들이 아이의 몸을 더욱 튼튼하게 만든다고 느꼈다. 그리고 그녀의 마음속 불안은 민우가 건강하게 자라는 모습을 보며 점차 사라졌다. 결국 그녀는 아이의 건강을 지키기 위해서는 불안과 걱정보다는 믿음과 지지가 필요하다는 것을 깨달았다. 아이는 부모의 지나친 걱정보다 신뢰 속에서 건강하고 자주적인 존재로 자라나기를 원한다고 느꼈다.

🌷 마음 다지기

오늘 하루, 아이의 건강을 염려하며 불안해하는 부모로서의 자신의 모습을 하나님 앞에서 돌아보자. 자녀가 조금만 아파도 부모는 조급해지고 두려움에 사로잡히기 쉽다. 그러나 그럴 때 나의 자녀가 하나님의 손 안에 있음을 다시금 기억하자. 부모로서 불안한 것은 자연스러운 일이지만, 그 불안이 나의 믿음을 흔들게 해서는 안 된다. 주님께서 아이에게 생명을 주셨고 지금도 지키고 계신다는 사실을 기억하며 염려보다 기도를 선택하자. 내가 할 수 있는 최선을 다한 후에는 모든 결과를 하나님께 맡기며 평안한 마음으로 자녀를 바라보자. 아이에게 가장 큰 위로와 안정은 하나님의 평강 안에 거하는 부모의 태도에서 비롯된다는 것을 믿으며 오늘도 주님의 도우심을 간구하자.

● 오늘 나의 실천

_____

_____

士 : 나를 넘어 타인을 위한 삶으로

"세상에 대해 당신이 가진 사랑을 세상에 나누는 것이 당신 존재의 의미다."

- 마더 테레사

자기 초월의 욕구는 에이브러햄 매슬로우가 제시한 인간 욕구 단계 이론에서 가장 높은 수준에 해당하는 것으로, 개인의 욕구를 넘어 더 큰 목적과 의미를 추구하려는 마음에서 비롯된다. 매슬로우는 인간이 생리적 욕구를 시작으로 안전, 사랑과 소속감, 자아 존중의 욕구를 차례로 충족한 후 자아실현의 단계에 도달하며, 그 이후에 경험하는 것이 바로 자기 초월의 욕구라고 설명했다. 자기 초월은 단순히 자신의 성취나 발전에 머무르지 않고, 타인에게 긍정적인 영향을 끼치며 세상에 기여하고자 하는 욕구다. 이는 자신이 쌓아온 삶의 경험과 성장을 바탕으로 다른 사람의 삶을 더 나아지게 하려는 실천으로 이어진다.

많은 사람이 인생의 후반기에 이르러 이러한 자기 초월의 욕구를 더욱 강하게 느낀다. 더는 물질적 성취나 개인적인 성공만으로 만족할 수 없고, 오히려 자신이 축적한 지식과 자원을 다른 이들과 나누며 살아가는 삶에서 더 큰 의미를 찾는다. 이 시기의 사람들은 '베푸는 삶'을 지향하며, 자신만의 만족이나 이익보다 타인과 사회에 대한 기여에 더욱 가치를 둔다.

70대 여성 김 모 씨는 오랜 세월 동안 자식들을 키우며 어려운 환경에서도 묵묵히 삶을 이어 왔다. 은퇴 후 그녀는 자신이 누려 온 물질적 안정과 편안함을 넘어, 지역 사회의 독거노인들을 돕기로 결심했다. 그녀는 매일 아침 정성스럽게 음식을 준비하여 인근의 독거노인들에게 배달하고, 그들의 이야기에 귀를 기울이며 따뜻한 위로를 건넸다. 김 씨는 자신이 평생 받았던 사랑과 도움을 이제는 다른 사람들에게 돌려주고자 했다.

이러한 작은 실천은 독거노인들에게 큰 힘이 되었고, 김 씨 자신에게도 깊은 만족감과 내면의 평화를 가져왔다. 그녀는 이제 자신만을 위한 삶이 아니라 타인을 위한 삶을 통해, 진정한 행복과 삶의 의미를 느끼고 있다. '베푸는 삶'은 김 씨에게 자기 초월의 실천이 되었고, 그 과정을 통해 그녀는 삶의 진정한 가치를 발견하였다.

🌷 마음 다지기

오늘 하루, 나의 초월에 대한 욕구가 하나님께로 향하고 있는지 돌아보자. 인간의 초월에 대한 욕구는 단순히 자신을 넘어서기 위한 열망이 아니라, 하나님께서 주신 사명과 은사를 통해 이 세상에 선한 영향을 끼치고자 하는 거룩한 소망이어야 한다. 지금 내가 가진 능력과 자원, 시간과 열정을 나 자신만을 위해 쓰고 있다면, 그것은 방향을 잃은 것이다. 진정한 초월은 나의 한계를 믿음으로 뛰어넘고, 하나님의 뜻에 순종하며 이웃을 섬기는 데 있다. 오늘도 주님 안에서 나의 삶이 다른 이들에게 은혜가 되고, 하나님께 영광이 되기를 소망하며 살아가자.

● 오늘 나의 실천

_____

_____

삶의 의미와 목적을 찾아

삶의 의미와 목적을 찾는 것은 우리가 태어나는 순간부터 시작되는 깊고 본질적인 질문이다. 모든 사람은 각자의 방식으로 삶의 의미를 찾고자 하며, 그 과정에서 수많은 경험과 도전 그리고 끊임없는 고민을 만난다. 우리가 종종 "왜 살아야 할까?", "왜 이 일을 하고 있을까?"라고 자문하는 순간은, 단순한 궁금증을 넘어 삶에 대한 내면의 갈망과 본질적인 물음이 일어나는 순간이다. 이러한 질문은 외부적인 성취나 물질적인 만족과는 다른 차원에서 삶을 바라보게 하며, 더 깊은 자아 성찰의 길로 이끌고, 더 의미 있는 삶을 추구하도록 만든다.

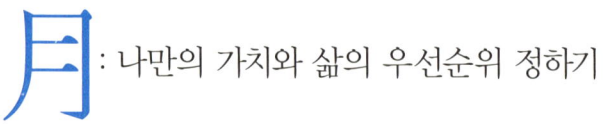 : 나만의 가치와 삶의 우선순위 정하기

"우리의 우선순위는 우리가 무엇에 가치를 두는지를 보여준다."

- 존 웨슬리

우리는 살아가면서 끊임없이 다양한 선택을 하며, 그 선택들은 우리 삶의 방향을 결정짓는다. 이러한 선택들은 종종 외부의 기대나 사회적 압력, 물질적 성공을 기준으로 이루어지기 때문에, 정작 우리가 진정으로 원하는 것과는 거리가 있을 수 있다. 이런 순간에는 자신을 되돌아보고 삶의 가치와 우선순위를 다시 세우는 일이 매우 중요하다.

삶의 가치와 우선순위를 재정립한다는 것은, 우리가 무엇을 위해 살아가고 있는지를 다시금 깊이 성찰하고, 그에 맞게 우리의 선택과 행동을 조정해 나가는 것이다. 이 과정에서 핵심은 자신이 진심으로 중요하게 생각하는 것이 무엇인지 분명히 아는 것이며, 또 그것을 중심으로 삶을 설계하는 것이다. 직업, 돈, 명예, 사회의 평가 같은 외적인 기준이 아니라, 내면의 진정한 가치와 삶의 목적에 맞는 선택만이 진정한 행복과 성취를 가져올 수 있다.

그러나 이 과정은 결코 쉽지 않다. 변화에는 항상 불확실함이 따르며, 외부의 기대와 압박을 떨쳐 내는 일은 생각보다 어렵다. 하지만 삶의 우선순위와 자신의 가치를 재정립하는 것은 자기 자신과의 새로운 약속이며, 결국 그 안에서 큰 만족과 성취감을 얻게 된다. 중요한 것은, 변화는 외부가 아닌 자신의 내면에서 시작된다는 점이다. 이 여정에서 자주 던져야 할 질문은 바로 이것이다. "내가 정말로 원하는 것은 무엇인가?" 이 질문에 진심으로 답하기 위해서는 과거의 익숙한 습관이나 타인의 기대에서 벗어나 진정한 자신과 마주하는 시간이 필요하다.

박성철(가명) 씨는 60대 초반의 남성으로, 어린 시절의 가난을 극복하고 성공한 사업가가 되었다. 그는 오직 가족을 위해 쉼 없이 일하며 자녀들에게 더 나은 삶을 선물하고자 평생을 바쳤다. 사업에서 큰 성공을 이루었지만, 어느 날 갑작스러운 건강 악화로 병원을 찾았고, 검사 결과는 예상보다 훨씬 심각했다. 그는 병원 침대에 누워 처음으로 자신의 인생을 깊이 돌아보았다. 물질적으로는 많은 것을 얻었지만, 정작 자녀들과 보낸 시간은 부족했고 자신의 건강도 돌보지 못했다.

그는 자신이 지금껏 좇아왔던 성공이 정말 의미 있는 것인지, 그동안 무엇을 잃고 살아왔는지 스스로에게 묻기 시작했다. 그 질문은 그의 삶에 큰 전환점이 되었다. 그는 퇴원 후 사업 규모를 줄이고, 더는 돈과 명예에 집착하지 않기로 결심했다. 매일 아침 산책을 하며 건강을 챙기고, 주말에는 자녀들과 함께 시간을 보내는 생활로 삶의 방식을 바꾸었다. 그는 이제 성공의 기준을 다시 세우고, 자신에게 진정으로 중요한 것들—가족, 건강, 행복—에 집중하기 시작했다.

어느 날 그의 자녀가 그에게 말했다. "아버지, 이제야 정말 행복해 보이세요. 예전에는 늘 바빠서 함께하는 시간이 적었는데, 요즘 같이 보내는 시간이 많아 정말 좋아요." 그 말을 들은 박성철 씨는 자신이 진정으로 원하는 삶이 무엇이었는지를 명확히 깨달았다. 그는 과거의 성공이 주던 만족감보다 지금의 평온하고 따뜻한 삶이 훨씬 더 깊은 행복감을 준다는 것을 알게 되었다. 그렇게 그는 외적인 성공이 아니라 사람들과의 관계에서 얻는 사랑과 내면의 평화를 삶의 중심 가치로 다시 세우며 인생의 진정한 의미를 되찾아 갔다.

🌷 마음 다지기

오늘 하루, 하나님 안에서 내 삶의 가치와 우선순위를 다시 한번 깊이 돌아보자. 세상에서 바쁘게 살다 때로는 물질적 성공이나 외적인 성취에 마음을 빼앗겨 하나님께서 내게 주신 삶의 참된 목적을 잊고 살지는 않았는가? '진정한 행복은 어디에서 오는가?'라는 질문 앞에 주님께서 주시는 평안과 사랑이야말로 진짜 행복임을 고백하자. 하나님과의 관계, 그리고 내게 맡기신 가족과 이웃과의 관계가 삶의 중심이 되어야 함을 기억하자. 오늘은 주님 앞에 나아가 삶의 우선순위를 바로 세우고, 영원한 것을 추구하는 지혜로운 삶이 되기를 기도하자.

● 오늘 나의 실천

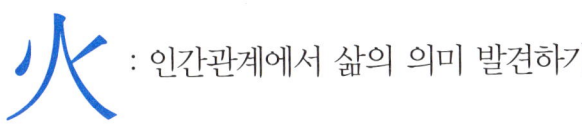 : 인간관계에서 삶의 의미 발견하기

"진정한 인간관계는 마음이 통하고 영혼이 교감하는 곳에서 시작된다."

- J. R. R. 톨킨

인간은 본능적으로 사람들과의 관계에서 삶의 의미를 찾고, 존재의 깊이와 방향을 깨닫는다. 우리가 살아가는 세상에서 타인과 나누는 교류는 단순한 일상적 상호작용을 넘어 존재 가치를 실감하게 하며, 인생의 본질적인 의미를 자각하게 만든다. 단지 말만 주고받는 소통이 아니라, 마음과 마음이 이어지고 서로의 존재를 진심으로 이해하는 관계에서 우리는 삶의 진정한 의미를 발견할 수 있다.

인간관계에서 삶의 의미를 찾는다는 것은 단지 타인과 연결되는 것을 넘어, 나 자신을 더욱 깊이 이해하고, 내 감정과 생각을 솔직하게 표현하며, 동시에 타인의 감정과 필요를 존중하는 과정을 포함한다. 이러한 깊은 관계는 특히 우리가 고난을 겪는 시기에 큰 힘이 되며, 우리가 사랑하는 사람들과 함께할 때 그들의 존재가 우리 삶에 얼마나 큰 의미를 주는지 깨닫는다. 바로 이러한 관계에서 우리는 진정한 자기 자신을 발견하고, 한층 더 성숙해지며, 삶의 행복을 깊이 느낄 수 있다.

김수진(가명) 씨는 대학을 졸업한 후 자신이 진정으로 원하는 삶이

무엇인지 찾기 위해 외국으로 1년간 여행을 떠났다. 여행 중 여러 나라를 돌아다니며 다양한 사람을 만났는데, 그중 어느 작은 마을에서 만난 한 할머니와의 인연이 그녀의 삶을 크게 바꾸어 놓았다. 그 할머니는 한국어를 전혀 하지 못했고 수진 씨 또한 할머니의 언어를 이해하지 못했지만, 두 사람은 언어의 장벽을 넘어 관계를 만들어 갔다.

할머니는 조그마한 정원을 가꾸며 살아가고 있었는데, 수진 씨는 매일같이 그곳을 찾아가 할머니의 정원 돌보는 일을 도우며 시간을 함께 보냈다. 두 사람은 말은 통하지 않았지만, 서로를 바라보는 눈빛과 따뜻한 미소, 손짓 하나하나를 통해 깊이 교감할 수 있었다. 어느 날 수진 씨는 할머니가 조용히 눈물을 흘리는 모습을 보았고, 그 순간 그녀는 말로 설명할 수 없는 감정의 울림과 함께 자신의 삶에 대한 새로운 통찰을 얻었다.

이별이 가까워진 어느 날, 할머니가 수진 씨에게 작은 쪽지를 건넸다. 그 쪽지에는 이렇게 적혀 있었다. "말을 전하진 못했지만 내가 너에게 준 사랑을 기억해 줘." 짧고 간략한 이 문장은 수진 씨의 마음을 깊이 울렸고, 그녀는 그 관계에서 진정한 사랑과 배려 그리고 말로 표현되지 않는 마음의 힘이 얼마나 중요한지 깨달았다.

그 후 수진 씨는 다시 한국으로 돌아오지 않고, 자신이 있는 그곳에서 사람들과 더욱 진실된 관계를 맺으며 살아가기로 결심했다. 할머니와의 만남은 그녀의 인생에서 가장 소중한 깨달음을 주었고, 이후로 그녀는 사람들과의 관계에서 진정성과 사랑을 가장 중요한 가치로 여기며 살아갔다. 그때의 경험으로 그녀는 삶의 진정한 의미가 바로 사람들과의 관계 속에서 나누는 사랑과 진심에 있다는 것을 확신하게 되었다. 그 깨달음은 그녀가 앞으로 살아갈 인생에 방향을 제시해 주었다.

🌷 마음 다지기

오늘 하루, 하나님께서 내게 허락하신 관계에서 내가 얼마나 많은 은혜와 의미를 발견하고 있는지 돌아보자. 우리는 평범한 일상의 대화에도 주님의 사랑을 담을 수 있고, 작은 관심과 배려로 누군가에게 큰 위로를 줄 수도 있다. 바쁜 삶으로 인해 사람들과의 관계를 소홀히 하기 쉽지만, 하나님은 우리를 공동체 안에서 서로 사랑하며 살아가도록 부르셨다. 오늘 사랑하는 이들과 나눈 말 한마디, 따뜻한 눈빛, 짧은 기도가 얼마나 큰 축복이었는지를 되새기며, 주님 안에서 맺는 모든 관계가 서로에게 힘이 되고 하나님께 영광이 되기를 기도하자.

● 오늘 나의 실천

___

___

水 : 나의 강점과 재능을 찾는 여정

"내가 가장 잘하는 일을 하며 살아갈 때, 나는 삶의 진정한 의미를 찾는다."

- 빌 게이츠

자신의 강점과 재능에서 찾을 수 있는 의미는 단순히 타고난 능력을 발휘하는 데서 그치지 않는다. 우리는 그 능력을 세상과 나누며 더 큰 목적을 이루어 가는 것이다. 모든 사람은 각자 고유한 강점과 재능이 있으며, 그것이 무엇인지 인식하고 이를 실제 삶에서 활용할 때 비로소 삶의 진정한 의미와 가치를 발견하게 된다.

사실 많은 사람이 자신이 지닌 잠재력을 제대로 알지 못한 채 살아간다. 그러나 자아를 발견하고 그것을 적극적으로 표현하며 타인과 소통할 때, 그 속에서 삶의 방향성과 깊이를 깨닫게 된다.

자신의 강점과 재능을 찾고 그것을 통해 삶의 의미를 탐색하는 여정은, 자신만의 색깔이 담긴 인생을 만들어 가는 중요한 과정이다. 우리가 가진 재능은 단순한 기능을 넘어 타인에게 기쁨과 영감을 주고, 나아가 다른 사람과 관계를 형성하며 함께 나눌 수 있는 재료가 된다. 강점은 자신이 진정으로 원하는 것과 연결될 때 가장 빛을 발한다. 이 과정을 통해 우리는 자신이 진짜 해야 할 일을 발견하게 되고, 그것을 실천함으로써 더 나은 세상을 만들어 나갈 수 있다.

루카는 태어날 때부터 양쪽 팔에 장애를 가지고 있었다. 그의 부모는 루카가 자신감을 잃지 않도록 끊임없이 격려하고 도왔지만, 학교에 다니기 시작하면서 루카는 자신이 또래 친구들과 다르다는 사실을 점점 더 뼈저리게 느끼게 되었다. 운동회에서 친구들이 자유롭게 뛰고 달릴 때 루카는 늘 뒤처졌고, 사람들 앞에서 자신의 장애를 드러내는 것이 부끄럽고 두려웠다.

어느 미술 시간이었다. 선생님이 아이들에게 자신의 재능을 그림으로 표현해 보라고 했다. 루카는 팔이 불편하다는 이유로 그림 그리는 것을 포기하려 했지만, 그때 선생님이 그에게 조용히 다가와 말했다. "너의 특별한 점을 그려 봐. 다른 사람들과 다르다는 건 너만의 강점이 될 수 있어." 그 말은 루카에게 큰 용기를 주었다. 그는 다양한 색의 물감을 이용해 자신만의 방식으로 그림을 그리기 시작했다. 팔을 사용할 수 없었기에 발을 이용해 천천히, 그러나 정성껏 그림을 완성해 나갔다.

루카의 그림은 매우 독창적이고 아름다웠다. 그는 비로소 자신이 가진 표현의 방식이 결코 부족하지 않다는 것을 깨달았고, 자신만의 시선으로 세상을 담아낼 수 있다는 자신감을 얻었다. 시간이 지나면서 그는 그림을 통해 자신을 표현하고, 이를 다른 사람들과 나누기 시작했다. 그러면서 지역 미술 전시회에 참여할 기회가 생겼고, 많은 사람이 그의 그림을 보며 깊은 감동을 받았다. 특히, 그가 자신의 한계를 넘어서는 것을 보며 용기를 얻었다.

루카는 이제 그림을 통해 장애를 넘어 진정한 자기 표현의 방식을 찾았다며 이렇게 말했다. "내가 가진 것은 팔이 아니라 마음이다. 내 마음을 담은 그림을 통해 다른 사람들에게 희망과 용기를 줄 수 있다는 것이 내 삶의 의미다." 그는 더는 장애를 부끄러워하지 않으며 그것을 자신만의 강점으로 받아들였고, 다른 이들에게 영감을 주는 존재가 되었다.

루카의 삶은 자신의 재능을 통해 어떻게 삶의 의미와 가치를 발견하고, 또 그것을 나눔으로써 세상에 긍정적인 영향을 끼칠 수 있는지를 생생하게 보여준다.

🌷 마음 다지기

오늘 하루, 하나님께서 내게 주신 강점과 재능을 다시금 돌아보자. 때로는 평범해 보이는 나의 능력도 주님의 계획 안에서는 귀하게 쓰임 받는 도구가 된다. 내가 잘하는 일을 통해 다른 이에게 유익을 줄 때, 그것은 하나님께서 나를 통해 역사하고 계심을 경험하는 순간이다. 오늘도 하나님께서 내게 맡기신 재능으로 작은 사랑을 실천하고, 그 과정에서 나의 존재 이유를 더욱 깊이 되새기자. 나의 재능이 누군가에게 축복이 될 수 있다는 사실에 감사하며, 그것을 기쁘게 사용할 수 있기를 기도하자.

● 오늘 나의 실천

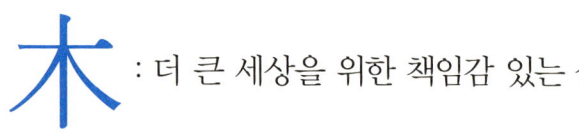

木 : 더 큰 세상을 위한 책임감 있는 삶

"세상을 바꾸고 싶다면 당신이 먼저 변해야 한다."

- 마하트마 간디

사회적 책임은 단순한 외적인 의무를 넘어, 우리가 살아가는 세상에 진정한 의미를 부여하는 중요한 요소다. 우리가 속한 공동체와 사회에 대한 책임을 다하는 것은 개인의 삶에 목적과 방향을 제공하며,

나아가 자신의 존재가 누군가에게 반드시 필요한 존재임을 깨닫게 해준다. 사회적 책임을 다하는 사람들은 자신이 가진 자원과 능력을 타인과 나누고, 더 나은 세상을 만들기 위해 실제적으로 행동한다. 이러한 실천은 단순한 나눔을 넘어 인간으로서의 본질적인 연결과 연대감을 형성하며, 그 속에서 우리는 삶의 깊은 의미를 발견하게 된다.

우리는 흔히 개인적인 성공을 추구하며 살아가지만, 진정한 삶의 의미는 우리가 사회에 긍정적인 영향을 미칠 때 비로소 찾게 된다. 비록 자신의 노력이 작게 느껴지더라도, 그 작은 실천들이 모여 큰 변화를 만들어 낸다는 믿음은 세상을 더 나은 방향으로 이끄는 원동력이 된다. 사회적 책임을 다한다는 것은 단지 타인의 삶에 긍정적인 영향을 미치는 것을 넘어, 결국 자기 자신에게도 큰 보람과 만족감을 가져다준다. 이를 통해 우리는 진정한 연대와 공동체의 가치를 깨닫고, 자신의 존재가 세상에 의미 있는 영향을 미치고 있음을 실감하게 된다.

마더 테레사는 인도 콜카타에서 가장 가난하고 고통받는 이들과 함께 살며 그들을 돌본 인물이다. 그녀의 삶은 단순히 '어려운 사람에게 도움을 주는 삶'이라는 틀을 넘어, 인간의 존엄성을 실현하고 사랑을 실천하는 삶 그 자체였다. 마더 테레사는 사랑과 인간애를 삶의 중심에 두었고, 자신이 받은 사랑을 세상에 나누는 것을 사명으로 여겼다. 이에 그녀는 늘 가난하고 병든 사람들 곁에 머물며, 그들에게 사랑과 희망을 전하는 것을 자신의 삶의 가장 중요한 목표로 삼았다. 마더 테레사는 이렇게 말했다. "나는 아무것도 아닌 것처럼 보이는 사람들에게 사랑을 주는 데서 기쁨을 느낍니다. 내가 하는 일이 작아 보일지라도, 그것이 그들에게는 큰 의미가 될 수 있음을 압니다."

어느 날 마더 테레사는 길거리에서 극심한 배고픔에 지쳐 있는 한 노숙자를 만났다. 그녀는 조용히 그에게 다가가 음식을 건네며 따뜻하게 말했다. "당신의 고통을 조금이라도 나누고 싶어요. 이 작은 음식을 받으세요. 나는 당신을 사랑합니다." 그 말에 깊이 감동한 노숙자는 울면서 이렇게 말했다. "오늘 난생처음 제가 사람으로서 존재하는 것처럼 느껴집니다. 그동안 세상에서 버림받은 기분이었는데, 당신 덕분에 다시 살아갈 힘을 얻었어요."

이는 그녀가 말한 것처럼, 작은 일들이 모여 큰 변화를 이루어 낼 수 있다는 진리를 그녀 스스로 실천한 순간이었다. 마더 테레사의 삶은 바로 이러한 순간들이 모여 이루어진 것이다. 그녀는 아무리 작은 일이라도 진심을 다해 세상에 도움이 되는 일을 한다면 그것이 곧 사회적 책임을 다하는 길임을 온몸으로 보여주었다.

🌷 마음 다지기

오늘 하루, 하나님께서 나를 이 땅에 보내며 맡기신 사명과 책임을 깊이 묵상해 보자. 내가 속한 공동체에서 행하는 나의 작은 말과 행동이 이웃에게 선한 영향력을 끼칠 수 있다는 것을 기억하자. "너희는 세상의 빛이라"라고 하신 예수님의 말씀처럼 그리스도인으로서의 정체성과 책임은 곧 사랑과 섬김으로 드러나야 한다. 오늘도 나의 시간과 재능을 주님께서 기뻐하시는 일에 사용하고, 사회와 이웃에 하나님의 사랑을 흘려보내며 살아가자. 내가 이 세상과 연결되어 있다는 사실을 믿음으로 감사히 받아들이자.

● 오늘 나의 실천

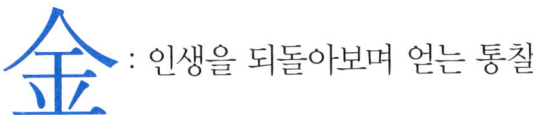

金 : 인생을 되돌아보며 얻는 통찰

"모든 것이 끝난 후 우리가 기억할 것은 우리가 만든 기억들이다."
- 오프라 윈프리

인생은 시간이 흐르면서 언젠가 자연스럽게 끝에 다다르게 되고, 그 마지막 순간에 우리는 지금까지 걸어온 삶의 길을 되돌아보며 깊은 생각에 잠기게 된다. 그동안의 모든 선택과 경험, 만남과 이별은 결국 우리가 어떤 사람으로 살아왔는지를 보여준다. 삶의 끝자락에서 돌아보게 되는 것은 우리가 이룬 외적인 성취보다, 우리가 어떤 존재로 살아왔는가 하는 것이다.

우리는 삶의 의미를 물질적인 성공이나 사회적 업적에서 찾으려 한다. 그러나 진정한 삶의 의미는 우리가 맺었던 관계, 사람들과 주고받은 사랑, 이해와 배려, 그리고 우리가 세상에 남긴 긍정적인 영향에서 발견된다. 결국 삶의 마지막 순간에 더 크게 다가오는 것은 '무엇을 이뤘는가'가 아니라 '어떤 사람으로 살아왔는가' 하는 것이다. 특히 우리가 사랑하고 사랑받았던 기억은 인생을 더욱 따뜻하고 가치 있게 만들어 준다.

사람들은 인생의 끝에서 지난 시간에 대한 단순한 후회보다는, 그 시간이 어떤 의미를 지녔는지에 대해 깊이 통찰한다. 결국 우리가 남기는 것은 재산이나 지위가 아니라, 사람들의 마음속에 새겨진 기억과 우리가 보여준 사랑 그리고 사람들과 나눈 연민이다.

結_결말

마틴은 어린 시절부터 남다른 꿈을 품고 있었다. 그는 어려운 환경에서도 사람들과의 관계에서 큰 의미를 느꼈으며, 언제나 주변 사람들에게 따뜻한 마음으로 친절을 베풀며 살아왔다. 특별히 눈에 띄는 업적을 이룬 것은 아니지만, 누구보다 진심으로 타인을 돕고자 하는 마음을 지닌 사람이었다.

인생의 마지막에 다다랐을 때 마틴을 찾아온 많은 이가 그가 보여준 따뜻한 마음에 감사의 말을 전했다. 어떤 이는 인생의 가장 힘든 시절에 마틴이 먼저 손을 내밀어 준 일을 기억했고, 또 다른 이는 마틴의 진심 어린 위로 덕분에 다시 일어설 수 있었다고 고백했다. 마틴은 이런 이야기를 들으며, 자신이 살아온 삶의 가장 큰 의미가 바로 이러한 만남들 속에서 사람들에게 희망과 따뜻함을 전했다는 사실에 있음을 깨달았다.

마틴은 마지막 순간까지 자신의 삶을 후회하지 않았다. 그는 이렇게 말했다. "나는 많은 재산을 남기진 못했지만 사람들에게 사랑을 나누어주었습니다. 그 사랑이 내가 세상에 남긴 가장 큰 유산입니다." 그의 이 마지막 말은 그가 어떤 삶을 살아왔는지를 명확히 보여주었다.

마틴의 삶은 거창한 업적이나 부와는 거리가 있었지만, 그의 존재는 사람들의 마음속에 깊은 울림을 남겼다. 그의 삶은 작은 친절과 따뜻한 사랑으로 가득했고, 그가 떠난 뒤에도 많은 이가 그를 기억하며 그가 보여준 삶의 가치를 이어 가고자 노력했다. 마틴의 인생은 진정으로 의미 있는 삶, 즉 사람들 속에 오래도록 남아 있는 삶의 모범이었다.

🌷 마음 다지기

오늘 하루, 내 삶의 마지막 순간 주님 앞에 섰을 때 어떤 고백을 드릴 수 있을지 깊이 묵상해 보자. 나는 하나님께서 허락하신 이 삶을 어떻게 살아 냈는지, 내가 사랑하며 섬긴 이들은 누구였는지 돌아보자. 결국 주님께서 중요하게 보시는 것은 내가 얼마나 많은 것을 이루었는지가 아니라, 얼마나 진심으로 하나님과 이웃을 사랑하고 충실히 믿음의 길을 걸어왔는가다. 바쁜 일상에서도 주님과의 관계, 이웃과의 관계를 놓치지 않았다면 그것이 곧 영원한 가치로 남을 것이다. 마지막 날에 "잘하였도다, 착하고 충성된 종아"라는 말씀을 들을 수 있도록 오늘도 하나님 앞에서 충성스럽게 살아가자.

● 오늘 나의 실천

_____

_____

土 : 나의 가능성을 끝까지 펼치는 삶

"당신이 할 수 있다고 믿으면, 반은 이미 이루어진 것이다."

- 시어도어 루스벨트

인생의 후반기는 자기 잠재력을 발휘할 수 있는 중요한 시점이다.

심리학자 에이브러햄 매슬로우가 제시한 욕구 5단계 이론에서 가장 높은 단계는 '자기실현의 욕구'로, 이는 개인이 자신의 잠재력을 최대한 발휘하고자 하는 내적인 열망을 의미한다. 매슬로우의 이론에 따르면, 인간은 생리적 욕구와 안전의 욕구를 충족한 뒤 사회적 소속감과 타인으로부터의 존중을 경험함으로써 궁극적으로 자기실현의 단계에 이를 수 있다.

바로 이 자기실현의 단계가 인생의 후반기와 맞닿아 있다. 많은 사람이 나이가 들면서 직장에서의 지위나 물질적 성취에 안주하기보다, 좀 더 깊은 삶의 의미와 목적을 찾으려는 열망을 갖는다. 매슬로우는 이 시기의 사람들은 외적인 성공보다는 자신의 진정한 모습과 내면의 가치를 추구하며 새로운 방향으로 삶을 전환한다고 설명한다. 인생 후반부에 들어선 이들은 과거의 경험을 토대로 새로운 목표를 설정하고, 이전에는 상상하지 못했던 방식으로 사회와 연결되는 법을 배워 나간다.

60대 후반의 이 여성은 오랜 시간 교사로 재직한 후 은퇴하였지만, 이후 지역 사회의 교육 프로그램에서 자원봉사자로 활동하기 시작했다. 그녀는 과거에는 학생들에게 지식을 전달하는 데 집중했다면, 이제는 자신이 얻은 삶의 지혜를 통해 사회에 긍정적인 영향을 미치고자 하는 의지로 살아가고 있다. 새로운 사람들과의 만남, 지식의 나눔, 그리고 공동체에 기여하는 과정에서 그녀는 자신이 진정으로 의미 있는 삶을 살아가고 있다고 느꼈다.

금융업계에서 30년 이상 일한 50대 후반의 한 남성은 퇴직 후 작은 커피숍을 열었다. 그는 이제 승진이나 급여 인상 같은 외적인 성과에 관심을 두지 않고, 자신의 커피숍을 통해 지역 주민들과 소통하고 공동체에 따뜻한 공간을 만드는 데 주력하고 있다. 이 과정에서 그는 삶에 대한 새로운 만족감과 의미를 발견했으며, 자신이 진심으로 원하는 방식으로 살아가고 있다는 확신을 갖게 되었다.

이러한 변화는 모두 매슬로우가 말한 자기실현의 과정에 해당하며, 인생 후반전이 단순한 마무리가 아니라 오히려 진정한 자신을 발견하고 발휘하는 시기임을 잘 보여준다.

🌷 마음 다지기

오늘 하루, 하나님께서 내게 주신 잠재력을 다시 한번 믿음으로 바라보자. 때로는 스스로 부족하다고 느끼기도 하지만, 하나님은 나를 연약함 속에서도 사용하시고, 하나님께서 맡기신 일을 감당할 수 있도록 힘과 지혜도 주신다. 내 능력은 나에게서 나오는 것이 아니라, 하나님에게서 공급되는 은혜임을 기억하자. 매일 주님 안에서 힘을 얻고, 한 걸음씩 믿음의 걸음을 내디딜 때, 나는 그 과정을 통해 하나님의 뜻에 따라 성장하고 성숙해질 것이다. 오늘도 나를 통해 일하실 하나님을 기대하며 충실히 살아가자.

● 오늘 나의 실천

마치는 글

    삶의 마지막에 다다랐을 때, 우리는 과연 어떤 흔적을 남기고 떠날 수 있을까? 많은 사람이 재산이나 지위, 업적 같은 외적인 성과를 먼저 떠올린다. 하지만 정작 마음 깊은 곳에서 묻고 싶은 건 이것이 아닐까?

    "나는 어떤 마음으로 살아왔는가?"

    "무엇을 소중히 여기며 하루하루를 살아 냈는가?"

    어느 날 한 노인을 만났다. 특별한 직함을 가진 것도 큰 부를 이룬 것도 아닌, 평범하게 산 분이었다. 그런데 그는 이렇게 말했다. "나는 평생 정직하게 살았다. 그리고 그 정직함을 아이들에게 물려줬다." 그 한마디가 마음을 깊게 울렸다. 우리는 꼭 대단한 것을 성취하지 않았더라도, 진심을 담은 삶 자체로도 충분히 의미 있는 인생을 살아갈 수 있다.

    이 책을 마무리하며, 여러분에게 조용히 한 가지 질문을 건넨다.

    "지금 이 순간 당신은 어떤 삶을 살고 있는가?"

    우리는 모두 후회 없는 삶을 원한다. 그렇다면 중요한 건 지금 내

가 할 수 있는 최선을 다하는 것이다. 그리고 그 최선은 거창한 행동이 아니다. 가족에게 건네는 따뜻한 인사 한마디, 지친 자신을 다독이는 조용한 위로, 주변 사람의 눈빛을 알아봐 주는 마음의 여유… 이처럼 작은 실천들이 쌓여 우리의 삶을 바꾸고, 세상을 조금 더 따뜻하게 만들어 간다. 이 책에서 전하고 싶었던 철학은 바로 이것이다. 지금 이 순간을 성실히 살아가는 삶, 내 마음과 생각을 매일 다듬는 삶. 이것이야말로 우리가 절대 놓치지 말아야 할 가치다.

한 청년의 이야기가 떠오른다. 그는 원하는 직장을 찾지 못해 오랫동안 방황했지만, 매일 아침 이렇게 다짐했다고 한다. "나는 나를 포기하지 않겠다. 오늘 내가 할 수 있는 작은 노력 하나라도 꼭 하자." 그 다짐이 그를 지켜 주었다. 결국 그는 원하는 길을 찾았고, 그 과정을 통해 자신을 더 깊이 이해하게 되었다고 말했다.

이처럼 작은 다짐과 실천이 우리 인생의 후반전을 바꾸는 힘이 된다. 삶의 후반전은 더는 미룰 수 없는 시기자, 가장 의미 있는 시작을 할 수 있는 시기다. 우리는 지금부터라도 내 안의 가치를 다

시 세우고, 하루하루를 더 의미 있게 살아가야 한다. 혹시 지금 힘든 길을 걷고 있다면, 꼭 기억하라. 그 산이 아무리 높고 험해도, 언젠가 정상에 서면 분명 이렇게 말하게 될 것이다. "내가 여기까지 올 수 있었던 건, 그 길에서 끝까지 나 자신을 믿었기 때문이다." 그 순간이 바로 진짜 우리의 인생이 시작되는 순간이다.

  이 책이 여러분의 인생 여정에 작은 나침반이 되었기를 바란다. 앞으로 걷게 될 길 위에 하나님의 은혜와 인도하심이 언제나 함께하시기를 기도한다.

  여러분의 인생은 지금도 진행중이다. 어떤 어려움이 있더라도 낙심하지 말라. 하나님께서 여러분과 함께하시며, 여러분 안에 심어 주신 믿음과 회복의 힘이 여러 번의 고비를 지나 마침내 선한 길로 인도할 것이다. 천천히, 묵묵히, 그러나 기도하는 마음으로 한 걸음씩 나아가라. 그 길 끝에서 분명 지금보다 더 깊어지고 더 단단해진 나, 그리고 하나님과 더 가까워진 나를 만나게 될 것이다. 여러분의 걸음을 주님께 맡기며, 그 시작을 진심으로 축복하고 응원한다.

회복탄력성을 키우는 마음 다지기
내 인생에 소금 치기

1판 1쇄 인쇄 _ 2025년 10월 25일
1판 1쇄 발행 _ 2025년 10월 30일

지은이 _ 임동택, 이경채
펴낸이 _ 이형규
펴낸곳 _ 쿰란출판사

주소 _ 서울특별시 종로구 이화장길 6
편집부 _ 745-1007, 745-1301~2, 747-1212, 743-1300
영업부 _ 747-1004, FAX 745-8490
본사평생전화번호 _ 0502-756-1004
홈페이지 _ http://www.qumran.co.kr
E-mail _ qrbooks@daum.net / qrbooks@gmail.com
한글인터넷주소 _ 쿰란, 쿰란출판사
페이스북 _ www.facebook.com/qumranpeople
인스타그램 _ www.instagram.com/qrbooks
등록 _ 제1-670호(1988.2.27)
책임교열 _ 이화정·이주련

ⓒ 임동택, 이경채 2025 ISBN 979-11-24013-14-4 03230

책값은 뒤표지에 있습니다.
이 출판물은 저작권법에 의해 보호를 받는 저작물이므로 무단 복제할 수 없습니다.
파본(破本)은 구입처에서 교환해 드립니다.